我这样教语文

赵玉翠 ◎ 著

安徽师范大学出版社
ANHUI NORMAL UNIVERSITY PRESS

· 芜湖 ·

图书在版编目(CIP)数据

我这样教语文 / 赵玉翠著. — 芜湖:安徽师范大学出版社,2024.8
ISBN 978-7-5676-6756-3

Ⅰ.①我… Ⅱ.①赵… Ⅲ.①阅读课—教学研究—小学 Ⅳ.①G623.232

中国国家版本馆CIP数据核字(2024)第094612号

我这样教语文

赵玉翠◎著

责任编辑:孔令清 责任校对:吴毛顺 汪 元
装帧设计:王晴晴 姚 远 责任印制:桑国磊
出版发行:安徽师范大学出版社
　　　　芜湖市北京中路2号安徽师范大学赭山校区
网　　址:http://www.ahnupress.com/
发 行 部:0553-3883578 5910327 5910310(传真)
印　　刷:苏州市古得堡数码印刷有限公司
版　　次:2024年8月第1版
印　　次:2024年8月第1次印刷
规　　格:700 mm×1000 mm　1/16
印　　张:13
字　　数:200千字
书　　号:978-7-5676-6756-3
定　　价:48.50元

凡发现图书有质量问题,请与我社联系(联系电话:0553-5910315)

序　言

我们知道，一切真理源于实践。教学实践中就蕴藏着丰富的教育科研矿藏，可谓取之不尽，用之不竭。教学实践的每一个点滴都是教师的亲身体验。其中，有成功时的喜悦，也有失败时的苦恼；有生动的教学，也有冷静的思考；有激情的燃烧，也有理性的凝淀。一个个教育小故事像一颗颗珍珠，闪耀着教师们智慧的光芒；像一串串音符，编织成课程改革美妙的乐章；像一支支画笔，描绘出师生们和谐的画面。这些都是教师独特的也是独有的财富，还是语文教师得天独厚的优势。总之，教学实践是广袤无边的大海，有纷繁复杂的教育情境，有多姿多彩的教育演绎，是高屋建瓴的教育理论最完美的诠释；还是教师的劳动创造、教师教育生涯的真实写照；也是教师从事教育科研的有效途径。

"学而不思则罔，思而不学则殆"，这句话是对学习者说的。如果把它迁移到教师专业成长上，就应该是"教而不思则罔，思而不研则怠"。教是教学的基本活动，研是教学活动的延伸，二者构成了教学的双翼。教师通过"研自己"才能知不足而后改；通过"研他人"才能汲优秀者之经验，或者以人为镜知得失；更重要的是，教师在研与教的过程中才能不断创新、不断进步。

创新是一个民族进步的灵魂，是国家发展的动力。一个民族能否自立于世界之林而不倒，能否站在历史的潮头而不退，能否抢占科学技术的制高点而不滑，关键在于创新能力和水平，而这一切又深深依赖于创新教育。优秀的教师会总结前人留下的教育思想，反思自己的教学实践，更重要的是可以做到与时俱进、不断创新。在语文教学改革的大潮中，我犹如一朵浪花，跻身潮中，勇往直前，愿尽一份绵薄之力。

目　录

最美·语文

沐浴文学的阳光，轻嗅汉字的芬芳，
我庆幸，我是一名语文教师！
走进语言文字的天地，总会有一种莫名的情愫，
似火炬燃烧激情，犹舞曲炫动思绪，
绽放精彩，碰撞火花……
这一切都要感谢它——语！文！
有这样一首诗：

没有一艘船能像一本书

没有一艘船能像一本书

也没有一匹骏马能像

一页跳跃着的诗行那样——

把人带往远方

这条路"最穷"的人也能走

不必为"通行税"伤神

这是何等节俭的车——

承载着人的灵魂

它，就是——语文书！

语文是师生信息交流的纽带，是人类思想奔涌的大海，是民族智慧的结晶。

在这个小空间大领域里，我们可以攀登气势磅礴、巍耸入云的高山；

可以游览水平如镜、水光潋滟、婀娜多姿的西湖；

可以荡舟静、清、绿的漓江；

可以扬帆尽享大海的广阔无边、深远和幽邃；

可以走进郁达夫的故都，一览秋的神韵；

可以饱尝老舍笔下济南冬的古美；

可以研究恐龙化石，探索人类的起源；

可以走近五代六朝，访古问津；

可以同李白对酒当歌，同苏轼赤壁吟赋；

可以随安徒生走进理想、神奇的童话世界；

可以同名人志士结友同欢，把天下美景尽收心底；

……

这是让我随心所欲、自由自在独享的一片原野；

这是让你受益无穷、广袤而多姿的天地；

这是源头活水，这是富丽殿堂……

在这里，

一切精神贫穷的人、思想懒惰的人、心灵渺小的人，都可以拥有它，

你只需用很少的时间，带着一双眼睛，怀着一份心情，就可以开启无限的视野。

上篇

阅读教学主张

第一章 "三段一体"整合阅读教学理论概述

第一节 "三段一体"整合阅读教学的缘起

提起小学语文阅读教学改革，真可谓百家争鸣。教师要坚持以人为本的教育理念，不断推进素质教育和基础教育改革。在平凡的教师岗位上，很多教师积极探索、敢于创新、大胆实践，创造性地开发了很多新的教学模式和教学方法。这些新思想、新方法在教学实践中极大地提高了教学质量，是教学改革中宝贵的财富。教学改革是时代的需要，是社会的需要，更是学生发展的需要。

一、小学语文教学改革已取得的成就

近半个世纪以来，我国小学语文教学改革取得了可喜的成绩，多套语文教材陆续出版，很多专业人士在教育教学的理论与实践上不断探索、深入研究，颇有建树，形成多个教学流派，教学改革的种子在祖国大地悄然生根、发芽、成长。

小学语文教学改革实验中影响力较大的教学方法主要有以下几种：

（一）情境教学法

创设情境的类型有五种：实体情境、模拟情境、语言情境、想象情境、推理情境。

创设情境的方法有六种：用生活展现情境、用事物演示情境、用图画再现情境、用音乐渲染情境、用表演模拟情境、用语言描述情境。

（二）四步导读法

第一步，引导预习，属于感知阶段。

第二步，指导细读，属于理解阶段。教师引导学生在通读全文的基础上，展开精细阅读，通过对字词句段的咀嚼品味，分清段落层次，掌握文章大意，解决阅读中的疑难问题。

第三步，指导议读，属于评价阶段。在读书过程中，教师给学生创造一个充分表达自己意见的机会，做到有读、有议、有问、有答、有反驳、有争辩。

第四步，辅导练习，属于应用阶段。在读的基础上，教师引导学生进行语文基础知识的练习和阅读基本能力的训练，同时进行写作指导，培养良好的阅读习惯。

（三）读写结合实验

以教学大纲为依据，以记叙文"五十法"为线索，以发展语言思维能力为中心，以读为基础、从读学写、写中促读、读写结合、多读多写、突出重点为原则，以学生为主体、教师为主导、训练为主线为指导思想，在教学中力求做到目的明确、时间少、内容精、方法活、效率高。

（四）单元整体教学

该方法主要分为七个模块：

预习模块——让学生整体感知课文，感知单元主题，在整体感知的基础上，能够读通、读懂课文，圈画出不懂的地方。

理解内容模块——一是理解内容，在教师的带领下，通过解决提出的问题，能够获得自己的体会；二是体会感情，在理解文章说了什么以后，能够体会到文字背后传递的情感、态度和价值观。

领悟表达模块——一是领悟表达，在老师的带领下对文章的表达方式进行研究，从体裁、表述方式等方面对文章进行探讨；二是欣赏评价，在领悟和接受的基础上，从读者的角度，对文章好的地方进行欣赏，对文章某些地方提出自己的看法，或者能够进行修改。

另外，还有口语交际与习作模块、整本书阅读讨论模块、语文实践活动模块和检测模块。

（五）语文主题学习

该方法是以高效课堂、学生自主学习和课内大量阅读为特征，以编写围绕教材单元"主题"的实验教材（如"语文主题学习"丛书）为载体的语文学习体系。其主要模式有三种：

一是"1+X"模式，即以一篇课文为基点，向"面"上辐射，把从一篇课文中学习到的知识，迁移运用到"语文主题学习"丛书的多篇文章学习中；

二是"X+1"模式，先选择"语文主题学习"丛书中学生特别感兴趣的文章，学完后反过来让学生自学必修教材中的某篇文章；

三是"单元整体推进"模式，学生学完教材某单元的文章，补充学习"语文主题学习"丛书中的多篇文章。

二、小学语文教学改革带来的启示

以上几种教学改革实验，我在教学实践中或多或少都有过尝试，对其带来的教学效果以及教学改变，尤为感叹。其主要影响有：

（1）语文课堂的人文性和工具性得到了应有的重视。

（2）课堂上自主、合作、探究的学习方式得到了落实，切实重视了学生的自主发展能力。

（3）教师的角色发生了改变，由主导者逐渐向引领者、参与者转变。

（4）课堂气氛活跃了，学生的主体地位得到了体现，部分学生的个性得到了张扬。

（5）横向关注了一个单元内各部分的内容，纵向关注了学段之间的联系和相对融合。

（6）注重了学生阅读量的提升和阅读方法的指导，从课内走向课外，并且内外贯通。

（7）现代教学手段的运用，大大提高了语文教学的课堂效率和效果，增强了语文学习的趣味性。

但是，任何教育方式方法都有局限性，再好的教育方式也有需要改进的地方。

因此，我们要及时追随《义务教育语文课程标准（2022年版）》的脚步，立足大单元，在有效的情境中以任务为驱动、以活动为载体、以评价促进阶，实现教学评一体化，真正落实语文学科核心素养。经过多年反复的实践、反思，笔者总结给出了小学语文"预读、研读、延读"三段一体整合阅读教学这种较为行之有效的教学模式，以此打造小学语文阅读、写作教学的新高地。

第二节　"三段一体"整合阅读教学的理论

"读"占鳌头。小学语文阅读教学注重培养学生听、说、读、写、思的能力。其中，读，是语文教学的基本活动，是实现其他几项能力的主要途径，也是重要手段。读，是学习语文的一扇窗口，可以让学生收到"不待解说，自知其义"的阅读效果，可以帮助学生发现问题、解决问题，还可以激发学生学习的主动性和积极性。读，可以帮助学生积累语言材料，理解课文内容，领悟表达方法，增强语感，促进思维，陶冶情操。因此，在语文教学中，教师要体现以读为本的教学思想，将读贯穿到整个教学过程中。

读，主要表现在课上和课下。课上的读是有目的地读，对此，《义务教育语文课程标准（2022年版）》中这样要求："各个学段的阅读教学都要重视朗读和默读。""应加强对阅读方法的指导，让学生逐步学会精读、略读和浏览。"所以，在阅读教学中，教师要逐步落实探究性阅读和创造性阅读。探究性阅读是指学生在教师引导下，对文本的深层含义进行探究的阅读活动；创造性阅读是在充分发挥学生的主体精神、充分尊重学生个性的前提下，诱发学生的创造动机，使学生凭借语言文字，对课文体味、思考，读出疑问，读出新意，得到前人或他人未曾有过的独特感悟和新颖的结论。课上的读是整个教学活动的主体部分，是课下学习活动的指挥棒。

课下的读包括课前预读和课后延读。课前预读是课上读的铺陈，"不熟读课文不开讲"是苏教版小学语文教材主编张庆先生数十年语文教学的经验之谈。课前学生文章还没读熟，教师就开始讲解，岂不是"隔布抓痒"——费力不讨好。课后延读即课外阅读，《义务教育语文课程标准（2022年版）》中这样要求："要重视培养学生广泛的阅读兴趣，扩大阅读面，增加阅读量，提高阅读品位。提倡少做题，多读书，好读书，读好书，读整本的书。"课外阅读可以提升学生的写作水平和阅读能力，对提升小学语文课堂教学质量有着至关重要的作用。如果能围绕一个核心目标，将课前预读、课上研读和课后延读三个阶段的读进行统筹设计、整体推进，就可以让教学活动由浅入深、由表及里、层层递进，实现深度学习，精准落实教学目标。

关于"分段式"教学，曾有学者提出语文新课堂"三段六步"教学法——预习、导学，合作、探究，导学、测评。该教学法采用导学案模式，使得教师、学生的角色地位发生改变，课堂也由传统的教师"一言堂"变成了学生为主体、教师为主导，同时，强调学生学习过程中的自主学习与合作探究，但并没有把课外阅读融入课堂。1994年，王浩在《整体原理与单元教学》一文中指出，任何教学都不是孤立的知识教学，更应该注意知识纵向的系统性和横向的内在联系。我们现在使用的语文统编教材，在教材的编排上也尤为强调整体性、连贯性和连续性。"三段一体"整合阅读教学就是立足单元内部联系，勾连外部相关信息，统整同一任务的相关内容，进行三个阶段一体化的设计，符合教材编写规律，可以促进学生持续性、长久性地学习和发展。

《义务教育语文课程标准（2022年版）》在深化教学改革中提出"探索大单元"教学。"大单元教学设计"是为了实现高质量育人，它是基于核心素养，依托课标，分解目标，整合教材，基于学情，创设大情境、大任务，以活动为载体，进行迁移拓展、评价反馈的一个结构化多种课型的统筹规划和科学设计，具有系统性、关联性、进阶性。"三段一体"整合阅读教学基于单元内容，聚焦人文主题和语文要素，确定一个核心任务，再围绕核心任务确定出若干个有梯度、相关联的子任务——中心任务，然后围绕中心任务，在大情境背景下通过三个阶段（课前预读—课上研读—课后延读）进行单元整体设计，从而有效地开展教学实践活动。它将课外知识引入课内学习，再将课内方法延展到课外运用，实现了一课一得、举一反三，进而落实深度学习，同时，多篇拓展，对比深化，实现反三归一，提升学生语文学科核心素养。

一、"三段一体"整合阅读教学的概念

德国哲学家黑格尔认为一切事物发展都要经历三个阶段，即起点、显现、统一，这也是事物从低级到高级的发展过程。"三段一体"整合阅读教学的"三段"，即课前预读、课上研读和课后延读。该教学模式是立足一个单元，先设定一个核心任务，围绕这一核心任务确定有梯度、相关联的若干中心任务，再围绕一个中心任务展开三个阶段的阅读教学活动。核心任务的确定可根据教材每个单元的内容、人文主题、语文要素（包括基本的语文知识、必需的语文能力、适当的学习策略和学习习惯）和教学实际来确定。该教学模式可以让阅读真实发生、持续发展、迁移拓展、内化提升，让每一个学生从感知到学会，再到会学、会用，层层推进，让每一种阅读方法落地，最大程度地优化阅读教学。

"一体"即一个整体，就是把有关联的不同事物、不同资源结合在一起，使其相互渗透、相互贯通、相互作用，再通过整体构建、整体推进，发挥其最大的价值。教师要根据课程标准和教育教学的实际，基于学生的知识基础、心理特点和接受能力，以小学语文课本每个单元内容为基础，确定若干与人文主题、语文要素或其他子任务相关联的中心任务，再通过选择、取舍和重组，把课堂内外影响学生阅读的彼此相关但却独立存在的各种因素，整合成一个为学生阅读服务的系统。该系统可让学生培养阅读意识，激发阅读兴趣，掌握阅读方法，提高阅读能力，达到提高语文综合素养的目的，同时，让学生在阅读中有所收获，让阅读变得有意义，让教学取得1+1大于2的效果。

"三段一体"整合阅读教学，改变了单篇阅读教学和单元框架教学的传统模式，使学生的阅读目标更加明确，分阶段、有目的地提取和整合信息的能力得到有效提升，避免阅读的泛泛无序；让语文阅读学习形成一个获知、迁移和拓展的阅读体系，避免知识学习的割裂和片面；让阅

读训练更充分、更有层次，实现知一点懂一线会一面，学一篇知一类读一群，从而达到全面培养学生语文核心素养的目的。

二、"三段一体"整合阅读教学的特点

（一）避免低效重复教学

阅读教学是语文教学的重要组成部分，从时间比例上看，阅读教学所占时间几乎是语文教学的70%左右。从小学到初中，有上百篇的文章，老师一篇一篇地教，学生一篇一篇地接受，对诸多的语文知识点，也许在这篇课文中讲了，在另一篇课文里又会讲，在第三篇课文中还会遇到。小学中段讲了，高段还会讲……诸如此类的重复，导致教学高耗时低效能。如要避免这种重复，就需要统整思维，建立起同一学段不同知识点的教学达成标准，或者运用整合式教学策略，整合相应文本，进行策略主题教学。

（二）提高学生阅读质量

培养学生语文综合素养，根源在阅读。读，是语文学习的金钥匙。读，要有一定的量做保障，加强课外阅读是提升阅读质量的必由路径。然而，电脑、电视、手机等电子产品，对心智不成熟的中小学生来说极具吸引力，要让学生课外自主阅读大量优秀经典著作，其难度可想而知。所以，将课外阅读课内化、课内阅读深入化就成了保证阅读质量的关键。"三段一体"整合阅读教学模式在汲取潍坊广文中学主题阅读课程、重庆群文阅读实验课程经验的基础上，结合"微课程教学法"模式，并根据文本特点、课标（《义务教育语文课程标准（2022年版）》）与学情，采取群文阅读、学科内整合、课前预学—课中研学—课后延学的一体化教学，将阅读教学简化头绪、突出重点，让学生在自主阅读、自主发现、

合作探究中将课内例文和课外类文建立联系，实现知识的迁移和方法的学以致用，有效提升学生的阅读量和阅读质量。

（三）优化语文阅读教学过程

从操作层面来说，"三段一体"整合阅读教学模式立足于语文学科的基本特点，在精心提炼有用、精要、好懂的语文知识要点的前提下，充分发掘、合理协调、科学使用各种教学资源和手段，遵循语文阅读教学的基本规律和要求，有效地完成教学计划的制定、教学方案的设计、教学活动的落实，在整合中形成一种语文知识支撑力更强、容量更大、形式更为灵活丰富的、高质量高效益的教学过程，从而提高学生的阅读能力，发展学生的语文综合素养。

（四）拓宽语文教师知能视野

"三段一体"整合阅读教学模式理念新，操作性强，具体内容可以从多个层面来理解。微观层面，在一篇课文的教学中，可以是"知识与技能、过程与方法、情感态度与价值观"三维教学目标的整合渗透，可以是"字词句段篇语修逻文"教学内容的交叉进行，还可以是"听、说、读、写、思"教学活动的融通开展；中观层面，可以是每册教材中一个单元内几篇课文或者几个单元之间的课文整合教学，即"一篇带多篇"，可以是学科内跨册次、跨学段之间的课文整合教学，即"一本带多本"；宏观层面，可以是语文教材与选修读本之间、课外读本的学习整合，可以是语文教材与其他学科教材的跨学科学习整合，即"一科融多科"。当然，如果从更广泛的层面，可以理解成课内语文阅读与课外生活实践的整合。

（五）调动学生学习主动性

"三段一体"整合阅读教学模式努力构建一种简单、高效的教学模式，其目的是：在不同的教学阶段渗透不同的学习方法，让学生的阅读实现有法可依、有梯可攀，让课内外的教学内容有机整合，体现教学活动的一致性、连续性、能动性，从而降低学习难度，继而推动学生主动学习和主动阅读。

（六）落实语文学科核心素养

"三段一体"整合阅读教学模式以大单元为背景，聚焦学科核心素养，创设大情境，围绕中心任务设计灵动的、相互关联螺旋上升的、进阶式的子任务。然后围绕每个子任务对大量信息进行选择、整合、构建，设计有效活动，开展教学，真正让学生通过大量的有目的的课内外阅读，学会信息的提取与整合。通过三个阶段的学习，学生与文本进行深入的交流与对话，实现深度学习；通过课内阅读目标化、课外阅读课内化，在不断总结阅读心得与体会的同时优化教学，全面提升学生听、说、读、写、思的综合能力。该教学模式目标精准，活动丰富，层层递进，不仅落实了"教什么、怎么教"，还让"教到什么程度"这一理念落地。

三、"三段一体"整合阅读教学与其他教学模式的区别

（一）阅读教学存在的问题

传统的语文教学积累了丰富的经验，值得我们继续发扬。"熟读成诵""读书百遍，其义自见"，这些蕴含着语文教学客观规律的经验总结都强调一个"读"字。读是语文学习的主渠道，是教师、学生与文本对话的主要路径。

长期以来，虽然已经有很多老师注重了教学中的读，但学生在读的过程中仍然存在着一些问题：

1.读缺乏目标

课前，教师安排学生预习，但没有给学生具体的读书方法和具体的预习要求。例如：预习一篇课文，都读什么，要读几遍，每一遍关注什么，思考什么，批注什么，教师都没有明确的要求，更没有准确的引导。学生不能入情入境入心地去读，故预习很多时候成为一种形式，不能达到预期效果。

2.读缺乏技巧

目前，不少学生能做到认真阅读，同时大大增加阅读量，但对于如何流利地、有感情地、有层次地读，缺乏一定的技巧，以致耗时费力，严重影响语文综合能力的提升。

3.读缺乏评价

以前，教师捧着一本语文书，一教就是一学期，这也是整个一学期语文教学的全部内容。现在，教师要求学生拓宽阅读面、增加阅读量，但只是一味地要求，拓展阅读的目标不明确，推荐的书目也不成序列，没有具体阅读方法的引领，也没有跟踪阅读反馈情况，缺乏行之有效的评价，让拓展阅读成为一种形式，不能实现真正的有效阅读。

（二）本教学模式创新之处

1.让教学理念与时俱进，不断创新

"三段一体"整合阅读教学模式让学生的语文学习实现联结、连续、连贯。在课内外信息整合的大概念下，依托教材、立足单元、围绕核心任务和子任务，前置后延，聚焦要点，落实能力。在思想上，充分发挥逆向思维的作用，以终为始，追求理解的教学设计。该教学模式下教学思想的横切面是基于核心目标衍生出的若干个子任务，纵切面是"三段一体"的教学活动设计，将课内外、上下册教材相关的资源联结，有针对性地设计评价量表。通过连续性学习，学生增强了语文综合素养的连贯性，提升了自己的理解能力，让语文学习真正在个人成长的轨迹中落地生根。

2.让学生的阅读真实发生，持续发展

"三段一体"整合阅读教学模式就是要通过三个阶段的有目的地学习，激发学生读书的兴趣，培养学生自主学习的能力，促进学生理解、表达、审美等多项语文能力的不断提高。因此有效的课内外阅读整合可为学生的人生打好底色，为学生的终身学习奠定坚实的基础。

3.让学生的语文素养逐步提升，扎实养成

"三段一体"整合阅读教学模式有利于增强学生课内外阅读的实效，提升学生语文综合素养。该模式基于教材，引入大量相关文本，聚焦教学目标，对教学内容进行取舍、重组、建构新的教学体系，做到一课一得、学有所练、迁移沉淀，实现语文学习的深度与广度。

4.让教师的课堂教学有抓手，省时高效

"三段一体"整合阅读教学模式有利于改变传统语文教学观，由教课文转向教语文。比如，改变关注单篇文本字词句的落实，强调文道统一；改变传统课题过度解析，关注学生在"延读"过程中吸收内化"研读"环节中习得的阅读策略和方法。这种教学模式还便于实现一课一得、多课多得的高效语文课堂。通过教学研究，教师也可以提高自身的阅读水平和教学水平，总结指导学生有效读书的方法，以提高自主学习、自主阅读的有效性。

四、"三段一体"整合阅读教学的着力点

每一篇小学语文课文都饱含了作者强烈的、丰富的情感。在教学中，

教师应该注重读的策略，引导学生领会文本的内涵，感受文章的韵味，体会文中的情感，强化语言的敏锐性，达到有效地读、深入地读、全面地读。

在以往的教学中，教师过多关注教学内容的理解，会忽略阅读策略的指导；过于关注课堂阅读，会忽视课前和课后阅读方法的引领和训练；过于细致地处理单篇课文内容，往往不能恰到好处地整合整个单元内容，不能横向、纵向融会贯通；过于强调课内教学内容，不能灵活选取、整合、重组课内外有价值的信息资源。

"三段一体"整合阅读教学模式立足单元人文主题和语文要素，以核心任务为圆点，以若干个子任务为经线，以三个阶段的教学为纬线，从课前预读，到课上研读，再到课后延读，让中心任务贯穿始终，并围绕这一中心任务对教学内容进行选择、取舍和重组，进而整体把握、整体设计、整体推进。而且，每一个阶段都以学生为主体，以读为主要途径，让学生的阅读有方法可依，有模式可循。这样一个子任务下的三个阶段的学习构成了一个相对完整的学习单位，学生通过学习形成相对完整的知识体系。

凡事预则立，不预则废。课前预读是阅读教学的起始阶段，虽然是在课前，但却是整个阅读教学活动不可缺少的环节。预读就是学生自读自悟的自主学习过程。课前预读的深入与否和效果好坏，直接影响学生学习课文的效率。同时，指导预读又是学法指导的一个重要环节，通过预读中的学法指导与训练，学生逐步形成"展卷而自能通解，执笔而自能合度"的能力，激发学习兴趣，提升自学能力，为后面的学习打下坚实的基础。

叶圣陶先生说："语文教材无非是个例子。"我们要用好教材，充分发挥教材的引领作用。语文课上，要进行研读，通过细读、品读、赏读等方式对教材深入、细致地品味和感悟，同时，带入一篇或多篇课内或课外与课文相关的文章进行对比读，从而将课内资源与课外资源有机衔接起来，在研究与探索中阅读，实现学生阅读视野的拓展、方法的迁移和运用、思想的提炼与深刻及阅读能力的形成。

课外延读主要有两种课型：一是延读拓展运用课，二是延读拓展促进课。第一种主要是对课上学习方法的迁移运用，阅读两到三篇同类的文章，完成文后练习的同时从读到写，纯粹的训练课；第二种就是对课内学习内容的补充和促进，纯粹的阅读课。

五、"三段一体"整合阅读教学的突破点

小学语文教学要实现大单元教学，就要横向打通、纵向串联，将课内外知识整合，提炼方法，精准落实目标，最终提升学生语文核心素养。这就要求我们必须从以下几点有所突破：第一，立足大单元，把相关内容有机整合，创设大情境并围绕核心任务设计一个个相互独立且又相互促进、螺旋上升的子任务群；第二，围绕每一个子任务，进行三个阶段一体化有效活动的设计；第三，在三个阶段中渗透自主阅读、深入阅读、拓展阅读的方法策略等。

（一）培养学生主动学习的能力

"三段一体"整合阅读教学模式就是通过"预读、研读、延读"三段教学，引导学生在自主学习、合作学习、探究学习的过程中，提升读中思、读中悟、读中用的能力，能整体把握单元目标，明确并围绕核心任务进行有目的地阅读，激发学生主动学习的动机，逐步培养学生提出问题、分析问题、解决问题的能力。同时，让学生学会批注、提问、推测等阅读方法，总结积累学习经验，获得学习成就感，逐步学会学习。

总之，教师要根据课文的学习目标，教给学生有效的研读方法，注重培养学生多读、勤思、多记、善用的阅读习惯，掌握多种阅读方法，提高阅读速度，不断提高他们对课文的感受能力、理解能力、欣赏能力

和评价能力，从而提高课堂学习效率。

（二）优化教学资源，实现课内外整合

"三段一体"整合阅读教学模式中基于统编教材双线组元特点，确立了多个子任务，围绕一个子任务将相关内容进行整合，精简内容、简化过程，架构更合理的知识框架，从而实现一课一得、得练结合、点面交互、相得益彰。同时，让学生知一点懂一线会一面，学一篇知一类读一群，丰满认知，丰富阅读，发展思维，提升品质。

（三）落实小学语文学习的连贯性与整体性

"三段一体"整合阅读教学模式中三个阶段的"一体"设计，增强了知识的一致性、连贯性和连续性，可让老师和学生都能就一个单元、一个子任务进行全面把握、统筹计划、整体推进，从而更好地从大处着眼把握教学目标，从小处入手落实教学目标，逐步增强学生的自主学习能力，增强教师的教育教学水平。

（四）扩大语文课堂的外延度，实现语文课程的工具性和人文性的真正统一

"三段一体"整合阅读教学模式通过丰富多彩、形式灵活的"延读"课，构建学习语文新体系，可促进学生深入理解语言文字，提升语言文字的运用能力，同时，在语言文字的综合应用过程中，让学生扎实地掌握更广泛的基础知识和基本技能。

学生可以对同一语文要素、人文主题等中心目标进行反复练习和巩固，深化和丰富上课所学知识点，逐步提高自主整合课内外阅读资源信息的能力，把课内与课外相衔接，即把课内学习的基本技能运用到课外阅读及生活中去，做到"得法于课内，得益于课外"，从而培养广泛的阅读兴趣，提升独立阅读的能力，养成自觉阅读的习惯。

（五）提升学生的语文综合实践能力，培养学生的核心素养

"三段一体"整合阅读教学模式就是教师对单元知识点进行有机整合，把知识点串联成一条完整的知识线，在学生达成单元中心目标之外，获得与本单元内容相关的其他知识。通过知识的拓展和串联，学生获知的数量和能力得到最优增长，可在学习内容、学习方法的相互交叉、相互渗透和有机整合中丰富情感，开拓视野，发展思维。

（六）任务驱动，环环相扣，层层推进

"三段一体"整合阅读教学模式立足统编教材双线组元的特点，确定每个单元子任务的整合点。核心任务的确定主要有以下几个方面：一是相互印证型任务，课文与课文引文训练同一个语文要素或人文主题；二是广度延伸型任务，围绕一个子任务进行由点及面的延伸训练；三是深读拓展型任务，围绕一个子任务进行由面及点的延伸训练；四是探究型子任务，多文围绕一个子任务进行探究性学习。

（七）教有法可施，学有章可循

1.预读，以不变应万变

课前预读，就是让学生通过课前自主阅读文本开展学习过程。这个过程教师要重视对学生阅读兴趣的激发、阅读方法的指导和阅读习惯的培养。本书作者初步设计了以下三步预读法：

粗读——了解大意，扫除字词障碍；整体感知，初步把握文章大意。

细读——品味语言，批注初读感受；大胆质疑，初探表达方法。

对比读——对比深思，初步了解类文与课文的异同之处，探索表达特点。

预读设计做到了：学习步骤简单易行，以读贯穿始终，可促进阅读

习惯的养成；预习题目一目了然，学习目标明确；预习内容由浅入深，尊重个性，具有挑战性。

2.研读，形变而意不变

课上研读，就是学生在课上进行深入研究式、探究式阅读，它强调学生的自主感悟、自主发现、自主探究，凸显合作、探究的学习方式。教师要在教学活动中关注学生学习过程中教学目标的落实。研读是整个教学活动的中心环节，主旨鲜明，其主要流程是：预读反馈—初读梳理—品读悟法—比较读进阶。

3.延读，万变不离其宗

课后延读，即学生经过前两个阶段的阅读学习后，进行同一主题或者同一训练目标下的延伸阅读，让阅读迁移沉淀，持续发展。

延读的内容：基于同一子任务下的相同、相近、相似、相关，甚至相反的片段、文章、整本书、综合实践活动以及由子任务生发的习作训练。

延读的策略：

（1）找准延读切入点，明确延读目标。"延"就是课内阅读的延续，其切入点就是本次教学活动的子任务。根据中心目标选定延读的文章或与本单元主题有关的整本书。在确立延读目标时，应以吸收内化研读环节中习得的阅读策略和方法为主要目标，并根据教学实际完善延读目标。

（2）渗透延读方法，落实延读目标。学生进行延读活动时，教师可根据实际教学目标以及文章内容进行阅读方法上的指导，旨在提高学生的阅读能力，形成省时高效的延读课堂。

常见的延读方法主要有：略读法，精读法，速读法，摘录批注法。

（3）建立多元评价机制，历练延读品质。为使课后延读真实发生，持续发展，本书设计了"查""评""激""比""竞"五步评价机制。

查：师查和生查相结合。生生互促：学生每天一读，形成阅读打卡单，生生互查互评。师生共促：每周一汇报，展示阅读打卡单，交流汇报阅读内容，师查师评。

评：每月开展一次读书交流活动，评选"读书大王""小小推荐家""小小评论家""小小创作家"等称号，鼓励学生阅读。

激：榜样、赏识、奖励激励等，形成组内、班级、年级、校级逐层递进的奖励机制。

比：开展手抄报比赛、故事大王比赛、演讲比赛等。

竞：以小组为单位，每天用10分钟进行课外阅读成果汇报，选人或抽人汇报，结果计入小组成绩，每周评出"优胜组"，每月评出"擂主组"，以后以向"擂主组"挑战为奋斗目标。

六、"三段一体"整合阅读教学的实践意义

"三段一体"整合阅读教学模式在"大概念"背景下，基于《义务教育语文课程标准（2022年版）》的要求，立足单元人文主题和语文要素，围绕核心任务确定多个子任务，围绕每个子任务进行横纵、内外联结，将知识整合，带领学生专题式学习，通过三个阶段（预读—研读—延读）进行一体设计，将课外引入课内，再从课内延展到课外，做到一课一得，举一反三，多篇拓展，巩固新得，再反三归一，深化提升，具有一定的实践意义。

（一）落实学生主体地位

语文阅读教学是学生、教师及文本之间对话的过程。"三段一体"整合阅读教学模式在预读环节，引导学生独立思考，培养学生自主学习的能力；在研读环节，加强学生对语言文字探究过程的体验；在延读环节，采用多种活动形式，不仅让学生巩固研读课所学的知识、方法和技能，还让学生获得成功体验。

（二）以读贯穿教学始终

《义务教育语文课程标准（2022年版）》指出，学生应"具有独立阅读的能力，学会运用多种阅读方法。有较为丰富的积累和良好的语感，注重情感体验，发展感受和理解的能力"。"三段一体"整合阅读教学模式以读为主，让学生通过多种形式的读，走进文本，对内容进行感知、理解、体悟、升华，最后，再跳出文本，对相同、相似、相关的内容进行对比阅读，迁移拓展，从而让学生在更大的语言环境下读中质疑、读中思辨、读中解惑，实现会读、能读、善读。

（三）实现了阅读的深度和广度

"三段一体"整合阅读教学模式着力于在语文学习活动中引导学生掌握多种阅读方法，注重培养多读、勤思、多记、善用的阅读学习习惯，不断培养学生对课文的感受能力、理解能力、欣赏能力和评价能力，力求实现高效的语文学习。因此，课前课后有计划、有目的、有针对性地读，可扩大学生的阅读面、巩固新知识、积累阅读方法，实现阅读的连贯性和可持续性发展，继而实现阅读的深度和广度。

（四）聚焦要点，使语文要素落地

根据统编版教材双线组元的特点，"三段一体"整合阅读教学模式通过单元导读页，聚焦每个单元的语文要素，针对每篇课文从不同角度、不同方面表现语文要素，将每个单元的语文要素分解为几个子任务进行课内外相关内容的整合，进行有针对性的学习、训练，让教学目标更明确，教学活动更有层次性和针对性。同时，研读课上的举一反三，延读课上的反三归一，均能实现阅读教学的连贯性、持久性和持续性，使语文要素真正落地。

（五）充分整合教学资源

"三段一体"整合阅读教学打破常规教学，依据教材，把相同、相近或相关的课内外的内容整合到一起进行系统学习和训练。这种教学模式以课内文本为突破口，引入课外相关类文，实现了一课一得，学练结合，综合运用，真正做到了从点到线再到面，使学生学得更专一，练得更扎实，读得更广泛，思得更深刻。

（六）真正实现大概念背景下的语文阅读教学

"三段一体"整合阅读教学模式采用逆向思维设计教学任务，以终为始，首先关注学生的预期学习结果，再确定合适的评估依据，最后再根据预期结果设计合适的教学活动和学习体验。这种逆向思维设计真正实现了教学的预期目标。同时，在延读过程中，运用多种评价方式进行有效评价，能让学生获得成就感。

七、"三段一体"整合阅读教学的流程

"三段一体"整合阅读教学设计流程主要分为四个步骤：

步骤一：明确目标整合内容

首先要了解本单元的人文主题和语文要素是什么，本单元安排的内容有什么，明确每个教学内容的目标是什么。接下来用"蝴蝶式"双线图或者"鱼骨"图进行梳理，便可以清晰地判断出语文要素之间的联系（如图）。

《少年闰土》 《我的伯父鲁迅先生》 习作

《好的故事》 《有的人》 交流平台

与"鲁"有约 学有所向

通过少年闰土和成年闰土的对比，了解鲁迅对当时社会的不满。

通过分析、理解，感悟字里行间流露出来的鲁迅对美好生活的向往。

从亲人视角感受鲁迅的亲情，同时感悟他的性格。

从友人的视角，通过对比感悟鲁迅的崇高品质。

学习通过事件直抒胸臆，赞美之时表达感恩之心。

学习巩固概括文章主要内容的方法。

单元主题
爱问才会赢

提问策略单元
四上第二单元

从不同角度提出问题

写人，把印象最深的地方写出来

1. 会认"英、豌"生字，会写"豌、按"等字。
2. 小女孩的病伴着豌豆的成长而慢慢变好的原因是什么。

一个豆荚里的五粒豆（安徒生）

能根据课文内容提出问题，培养独立思考问题的能力。

1. 会认"蝙、蝠"生字，会写"达、蚊"等字，读准多音字"系"。
2. 培养爱科学，乐观察、探究兴趣。

蝙蝠和雷达

能从不同角度提出问题并讨论。

1. 会认"唤、技"生字，会写"唤、纪"。
2. 了解20世纪科学技术给人类带来的巨大变化，激发学习、探索兴趣。

呼风唤雨的世纪

读课文，提出自己的问题，再把问题分类，筛选出对理解课文最有帮助的问题。

1. 会认"避、撇"生字，读推"雀"。
2. 理解课文，体会对弱小生命的关爱之情。

蝴蝶的家（燕志俊）

提出问题，再把问题分类，选出你认为最值得思考的三个问题并尝试解决。

提问方法：
就某一部分——旁批，就整篇课文——文后批

交流平台

提问角度：
课文内容、课文写法、得到启示

主题拓展

作者 科学的启示 了解童话 了解说明文

安徒生 《神奇仿生学》

《格林童话》
《"飞行之王"蜻蜓》
《荷花之谜》

《明天的太阳城》
《巨伞下的城市》

《拇指姑娘》《海的女儿》
《卖火柴的小女孩》
《影子》《柳树下的梦》
《幸运的贝儿》

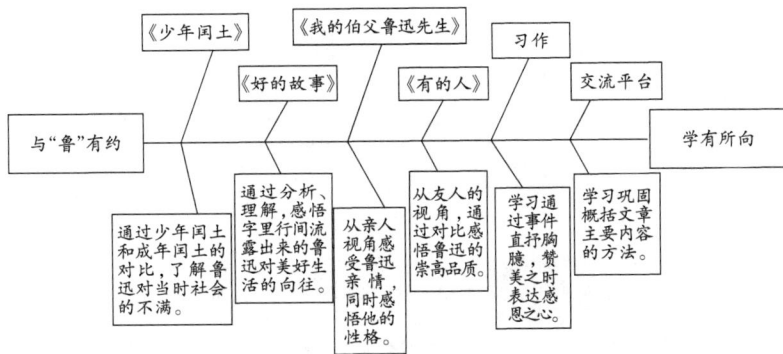

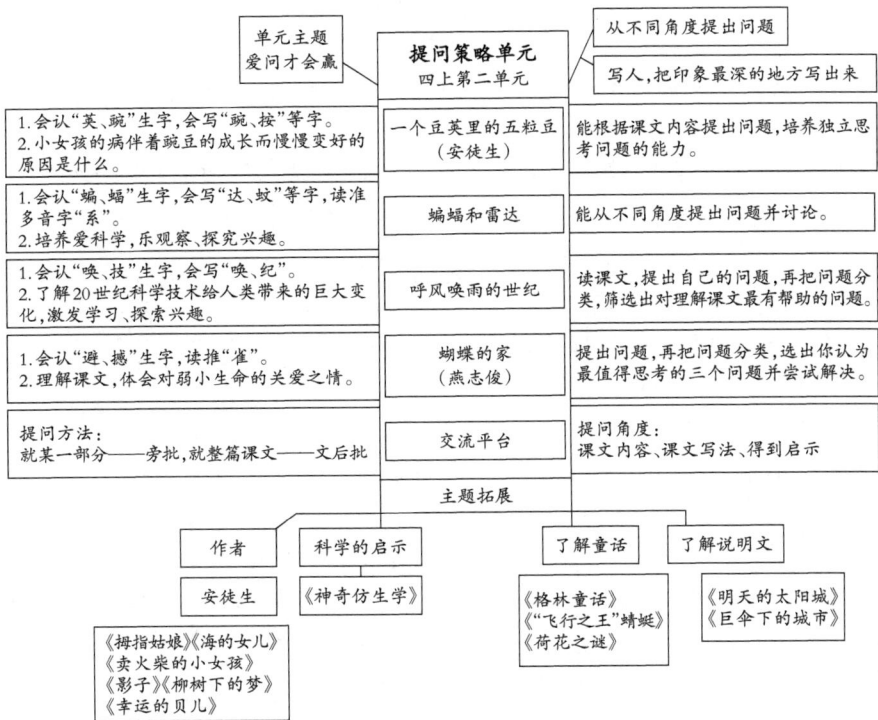

步骤二：围绕核心任务分解子任务

通过以上两图对单元各部分目标和语文要素的梳理，明晰了每部分语文要素的落脚点。联系相关单元的内容、人文主题、写作方法、作者背景、语文要素的落脚点等训练点确定核心任务和子任务（如图）。

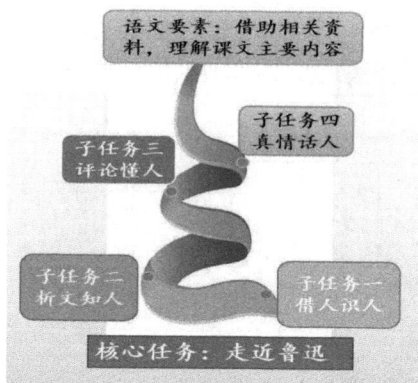

步骤三：围绕子任务设计"三段一体"活动

根据单元人文主题、语文要素、核心任务创设大情境，围绕每个子任务，进行三个阶段的一体化的活动设计（如表）。

任务	整合阅读	三段设计
任务一：按时间（景物）变化顺序写	《海上日出》《山海圣境北戴河》《庐山落霞》	预读：我们一起看日出 研读：巧笔画（话）日出 延读：跟着"书"导去旅行
任务二：按游览顺序写	《记金华的双龙洞》《鼎湖山听泉》《游日则沟》	预读：双龙洞一日游 研读：我是小导游 延读：导游日记
任务三：重点景物写清楚	《记金华的双龙洞》《桂林山水》《趵突泉》	预读：美言话美景 研读：写景有方法 延读：摄影大会
任务四：写景诗歌朗诵会	《咏初日》《夕阳》《晚霞》《冰壶洞》《钱塘湖春行》《昆明湖对联》《雨西湖》《关山月》	召开朗诵会

步骤四：开展教学实践活动

根据前面的设计，有计划地开展三个阶段的语文学习活动。在充分备课的基础上，制订预读学案。学案主要有三个板块：粗读、细读、对比读。研读主要有四个板块：预读反馈、初读梳理、品读悟法、比较读进阶。延读分为两种课型：训练课，阅读课。训练课主要有三个板块：复习回顾、拓展阅读、从读到写。阅读课也是三个板块：复习回顾、拓展阅读、诵读汇报。

第二章 "三段一体"整合阅读教学实施策略

第一节 "三段一体"整合阅读教学
在特殊单元中的实施

《义务教育语文课程标准（2022年版）》中关于阅读教学的变化：在课程内容上，依然以学习为中心，以学生为主体，以教师为主导，不仅包括教什么、学什么的内容问题，还包括怎么教、怎么学的过程方式问题，以及为什么教、为什么学的目的价值问题，甚至还有教得怎么样、学得怎么样的结果水平问题。这种复合型的课程内容观，突出习得知识的学习方式和运用知识的能力和价值，打破死记硬背、题海战术等知识技能训练的魔咒，克服高分低能、价值观缺失等乱象。学生可以在主题活动中，通过完成学习任务获得知识和解决问题，寻得规律和获得方法，亲历实践、探究、体验、反思、合作、交流等深度学习过程，逐步发展核心素养。

"三段一体"整合阅读教学模式在单元主题活动中，基于单元特点设计环环相扣的子任务，引导学生在完成学习任务中获得知识、提升能力。备课时横向打通单元内容，纵向联结已有知识储备，四面辐射相关信息，将课内外内容整合逐层实施。

如何开展教学，如何落实核心素养，这对一线语文教师的教学实践提出了巨大的挑战。

　　作为一门实践性很强的核心课程，语文课程具有开放性和生成性的特征。语文教师应根据这些特征，静心思考我们的教学实践，正确审视《义务教育语文课程标准（2022年版）》的新思想和培养目标，深入理解统编教材的建构特点，重新认识自己的教学方式方法。无论哪一版语文课程标准和教材，都是倡导学生核心素养和多种能力的培养，而不仅仅是停留在纯粹的对知识与技能的强调。作为新时代的语文教师，在深入领悟了教育的最终目标后，应该采用灵活开放的方式，整合一切可以整合的信息、学习资源，在各种言语实践活动中培养学生的核心素养，落实教学目标，提升学生的能力水平。语文课程只能给出一个基本言语学习训练的内容框架，所以，作为语文实践的设计者，我们应该从语文课程和学生发展需求等角度寻找语文学习内容的整合点，连点成线，延线成面地勾连整合单元内容、课堂内外、年级学段的学习资源，通过"三段一体"的方式为学生提供多元的、全方位的语文学习经历和学习体验，丰富学生的语文认知，满足学生全面发展的需要。

　　基于以上要求，本书设计小学语文"三段一体"教学的相关策略，通过实际教学案例，为小学语文教学提供一些有效方法。通过实践这些方法的过程，我们发现：一是运用"三段一体"的教学模式，通过横向打通单元内容，基于统编教材双线组元的特点，围绕中心任务设计子任务，可以按照学段目标要求来细化知识的掌握与能力的训练，体现了子任务之间的层次性和螺旋上升以及循序渐进的特点，可以更好地将教学内容相互融合；二是预读、研读、延读三个阶段的一体化设计更好地落实"读"在语文教学中的重要作用，以读贯之、以读促思、以读促悟，实现了课外阅读课内化，结束了长期以来课外阅读边缘化现象；三是聚焦每个子任务设计教学活动，让目标更精准，落实更有效，实现了一课一得；四是延读课充分反映出语文课程的综合性、实践性，在教学方式上也更加多样和灵活。在教学过程中，该模式注重将学生学习和个人体验紧密结合，注重运用小组合作、探究的学习方式，利用问题创设情境，丰富教学活动，使学生深入学习，培养语文核心素养。

一、基于阅读策略单元的"三段一体"整合阅读教学

阅读策略单元的设计是统编教材与以往教材相比的创新亮点之一。从三年级开始，统编版语文教材的每一册都编排了一个阅读策略的单元，三年级是"预测"，四年级是"提问"，五年级是"阅读与速度"，六年级是"有目的的阅读"，呈现层层递进的规律。教材试图通过阅读策略的教学，致力于学生阅读素养的快速整体提升。我们知道，在语文教学中最难提升的就是作文能力，其次就是阅读能力。平时我们的教学也都是以课文为例，在潜移默化中培养学生的阅读能力，可是实践证明效果甚微。阅读策略单元就是围绕阅读策略展开，单元的每一个模块都以某一具体的"策略"为中心设计，聚焦特有的学习目标与任务，充分利用课文学习进行专业策略训练。精读课文主要是发挥示范和引领的作用，对学生掌握阅读技巧和方法具有建构作用。略读课文则是为了给学生提供迁移练习的机会，促使学生将在精读课文中学到的方法和技巧应用到实践中。"三位一体"的课程结构促进并实现了"学练结合"。然而在《义务教育语文课程标准（2022年版）》的要求下，就如何有效教学，有些老师比较迷茫，需要有相应的指导与引领。

以统编版四年级"提问"策略单元为例。本单元是围绕"提问"编排的阅读策略单元，是继三年级"预测"后的第二个阅读策略单元。运用"提问"策略进行阅读，有助于改变学生被动阅读状态，培养积极思考的习惯，深入理解文章内容。编排本单元旨在教给学生提问方法，培养学生的问题意识，提高学生的阅读能力。

围绕"提问"策略，本单元编排了三篇精读课文和一篇略读课文，其中有童话、说明文、散文等不同文体类型，通过本单元的学习，引导

学生在阅读不同类型文章时都能够主动提问，学会提问。每篇精读课文都有不同的侧重点，从不同角度引导学生学习提问的方法。其中，《一个豆荚里的五粒豆》引导学生针对课文局部和整体大胆提问；《蝙蝠和雷达》重在引导学生从多角度提问，扩大提问范围；《呼风唤雨的世纪》则引导学生学习筛选对理解课文最有帮助的问题。略读课文《蝴蝶的家》引导学生综合运用"提问"策略进行提问，并尝试解决问题。"语文园地"中的"交流平台"从态度、方法、习惯等方面对"提问"策略进行了总结。"日积月累"编排了与提问有关的古代名句，旨在通过背诵积累知识，引导学生进一步感受提问的意义。

本单元教学需要注意的一些问题：

第一，依据教材编排的梯度和层次，逐步达成单元教学目标。本单元的教学要根据教材内容，循序渐进地引导学生学习提问。从感受"提问"策略，到学习多角度提问，筛选出对理解课文最有帮助的问题，最后综合运用提问方法尝试独立阅读，渐次推进。

第二，重视引导学生借助提出的问题理解课文。这既包括学生自己提出的问题，也包括教材中以学习伙伴和问题清单等方式提出的问题。本单元的教学不能仅仅停留在提问方法的指导上，还要进一步借助问题理解课文，让学生感受到学习本单元的目的是运用"提问"策略进行阅读理解，提出问题是为了深入理解课文，要处理好提问和阅读理解的关系。教师要让学生一边阅读一边提出自己的真实问题，再一起梳理问题，在解决问题的过程中理解课文。

第三，要充分尊重学生提出的问题。虽然在本单元的学习中，强调要筛选出对理解课文有帮助的问题，但只要是学生提出的问题都有一定的价值，都是学生积极思考的表现。因此，对理解课文没有帮助的问题，或思维水平不高的问题，教师也要充分尊重，给予关注和回应。如，可以鼓励学生课下通过交流、请教、查资料等方式去研究，不要让学生感到提出这样的问题没有意义，打击学生提问的积极性。

第四，要重视小组合作学习。在学生自主提问的环节，要通过小组交流，让学生从其他同学的提问中获得启示，打开思路，提出更多的问题，避免以教师的提问代替或限制学生的思考。在学习提问方法的环节，也要通过小组合作整理问题清单的方式，引导学生发现提问的方法。

第五，要多给学生运用"提问"策略进行阅读的机会。今后的课堂教学中，可以先让学生提出自己的问题，然后基于学生的真实问题开展阅读教学，促进学生理解能力的发展和思维水平的提升，让学生学会主动阅读。

◎课例：统编版小学语文四年级上册第二单元

单元情境与任务

情境创设

学贵有疑，小疑则小进，大疑则大进。现代科技的发明创造，社会的发展进步都从问题开始，问题可以生发智慧，可以创造奇迹。让我们珍惜生活中遇到的问题，争做问题小达人。

任务框架

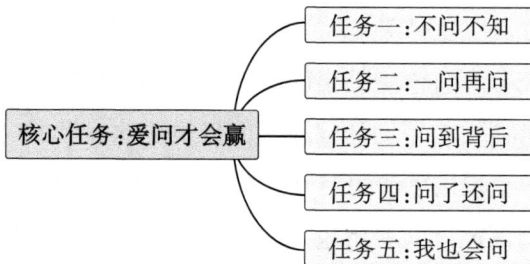

核心任务：爱问才会赢
- 任务一：不问不知
- 任务二：一问再问
- 任务三：问到背后
- 任务四：问了还问
- 任务五：我也会问

单元任务设计

任务	整合点	类文	三段设计
任务一：不问不知	能根据课文内容提问	《一个豆荚里的五粒豆》《鸟窝里的树》	预读：学习从问开始 研读：爱问才会赢 延读：一问到底
任务二：一问再问	了解童话的特点	《一个豆荚里的五粒豆》《鸟窝里的树》	预读：走近童话 研读：童话的神奇 延读：我的童话世界
任务三：问到背后	走近作者，了解创作的发展过程	《一个豆荚里的五粒豆》《拇指姑娘》《海的女儿》《卖火柴的小女孩》《影子》《柳树下的梦》《幸运的贝儿》	预读：走近安徒生 研读：安徒生的童话人生 延读：我的心里话
任务四：问了还问	从不同的角度提问	《夜间飞行的秘密》《"飞翔之王"：蜻蜓》	预读：难得会问 研读：博问广收 延读：小小故事会
任务五：我也会问	借助大自然现象，了解发明发现的故事（提问并能筛选问题）	《夜间飞行的秘密》《神奇的仿生学》《呼风唤雨的世纪》《蝴蝶的家》《蝴蝶》	预读：问一问，选一选 研读：会问更会选 延读：提问我最棒

任务一：不问不知

第一段　预读：学习从问开始

（学案的设计）

学习目标

1. 自学生字、生词，读准多音字"薄"。

2. 读懂课文，初知大意。

3.初步练习就文章内容提出问题。

学习过程

一、粗读，识字词，知大意

大声朗读课文2—3遍。

1.画出读不准的字并给下面加黑的字注音。

我会读：豆荚（　）　僵（　）硬　苔藓（　）　囚（　）犯　溢（　）出

2.用自己的话说说课文主要写了什么故事。

_____

二、细读，品内容，初提问

走进课文，边读边做。

1.文中的哪个字、哪个词、哪个句子让你有感受、有想法，请标记在文字旁边。

2.用心读故事，完成表格。

豆子	想去哪	性格	结局
第一粒豆			
第二粒豆			
第三、四粒豆			
第五粒豆			

3.就题目"一个豆荚里的五粒豆"你想知道什么？例如"五粒豆子发生了什么故事？"请把你的问题写在题目旁边。

4.就文章中某个主人公的性格、行为等你能提出什么问题？（温馨提示：自己不懂的可以提问，自己懂了但需要提醒大家注意的也可以提问，大家可能都会但是很有思考价值的还可以提问哦。）

三、对比读，析文章，会提问

用自己喜欢的方式读《想生大蛋的母鸡》。

1.自己识记并理解不认识和不懂的字词。

2. 就文章的题目及文章中的故事你能提出什么问题？标注在相应位置。

3. 对比《一个豆荚里的五粒豆》，两篇文章有什么相同点和不同点？

文章	相同点	不同点
《一个豆荚里的五粒豆》		
《想生大蛋的母鸡》		

第二段　研读：爱问才会赢

学习目标

1. 阅读时能积极思考，针对课文局部和整体提出自己的问题。
2. 能借助问题理解课文内容。

学习过程

一、趣味导入

师：你们对豌豆熟悉吗？五粒小豌豆从豆荚房子里跳出，来到这个世界上，同学们想象一下会有什么故事发生呢？

二、研读课文

1. 学生自由读课文，边读边思考，完成表格。

豆子	想去哪	结局	性格
第一粒豆			
第二粒豆			
第三、四粒豆			
第五粒豆			

学生汇报豌豆"想去哪"和"结局"。

2. 让学生分析五粒豌豆的性格特点，同时读出自己的理解。

师：你最喜欢哪一粒豆，为什么？找到相关的内容，细读品味，说出自己的理由。

3.小组合作学习"最后一粒豆与小女孩有着怎样的联系？她们之间发生了什么故事？"

第五粒豆的经历	小女孩的经历
钻进一个长满了青苔的裂缝里	身体非常虚弱,躺在床上一整年了
	"妈妈,我觉得我好了一些!""太阳今天在我身上照得怪暖和的,这里豆子长得好极了,我也会好起来的;我能爬起来,走到温暖的阳光中去。"
人们每天都可以看见它在生长	

师：从这个表格中可以看出，第五粒豆与小女孩有什么关系？从中你得到了什么启示？

4.问题梳理，感知"提问"。

师：到这里为止，同学们想一想，老师一共提了哪几个问题？问题都是在什么时候提出来的？

（1）五粒豆想去哪，结果怎样，它们有着怎样的性格？

（2）最后一粒豆与小女孩有着怎样的联系？

（3）从最后一粒豆的故事中得到了什么启示？

（4）这个问题是在什么时候提出来的？

引导学生回答，前三个问题是边读故事边提出来的，最后一个是在读完全文后提出来的。

5.方法小结，学习提问。

师：我们读书要学会提问，该怎样提问呢？

总结：为学患无疑，读故事时该怎么提问呢？一般有两种途径——走进故事里，边读边提问，并把问题批注在文字旁边；读完故事后跳出故事，对全文进行提问，把问题批注在文后。

6.尝试提问，落实语文要素。

（1）用刚才总结的方法，请同学们走进故事，试着提出问题吧。（提示该提什么样的问题）

（2）小组讨论，完成上述问题列表（略）。

三、对比阅读进阶

1.阅读《想生大蛋的母鸡》，理清文章思路，总结故事的主要内容。

2.用学过的提问方法，自己大胆提问。

3.小组讨论，完成问题列表。

4.全班汇报，随机解决疑问。

第三段　延读：一问到底

一、泛读知内容

出示三篇文章，让学生自己通读，画出不理解的字词，试着用学过的方法理解词语，并说说文章的主要内容。

二、品读练方法

用学过的提问方法，走进去，跳出来，提出一些有价值的问题。

让学生先小组交流问题，随机质疑，然后全班汇报。

三、总结促内化

让学生自己总结提问的方法。

任务二：一问再问

第一段　预读：走近童话

（预读单设计）

学习目标

1.通过读童话，对比学过的文章，初步了解"童话"是一种体裁。

2.通过细读、对比读，初步了解"童话"这一体裁的特点。

学习过程

一、泛读，初步感知"童话"

1.自由选读自己喜欢的三篇童话。

2.请用自己的话概括出最喜欢的一个故事的主要内容。

二、细读，初步了解"童话"

师：你觉得"童话"故事跟你平时学的《方帽子店》《枣核》等几篇课文中的故事有什么不同？

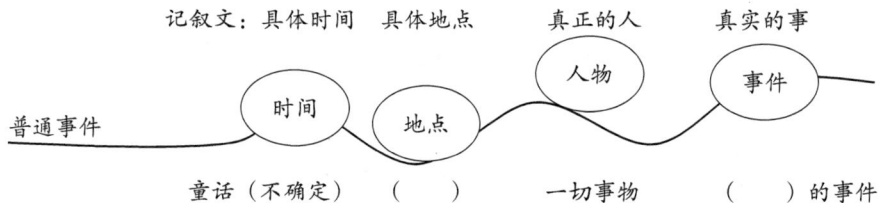

记叙文：具体时间　具体地点　　真正的人　　真实的事

普通事件　　　时间　　地点　　　人物　　　事件

童话（不确定）　（　）　　一切事物　　（　）的事件

三、对比读，深入理解"童话"

读三篇童话，你从中懂得了什么？

第二段　研读：童话的神奇

学习目标

1.了解童话的特点。

2.能带着自己的思考去读童话，初步感受作者表达的思想感情。

学习过程

一、回读课文，说内容

回顾《一个豆荚里的五粒豆》，说说这个故事的主要内容。

二、赏读课文，辨特征

1.大家再读课文，找一找相关内容，完成表格：

	内容	特点
时间		
地点		
人物		
事件		

2.你能总结一下童话的特点吗？

三、泛读文章，品特点

1.阅读准备的几篇童话。

师：说说这几篇童话的时间、地点、人物、事件都是怎样的。

师：想一想《一个豆荚里的五粒豆》故事告诉我们什么道理？你能从以上的童话故事中得到什么启发，或者读懂什么？

2.小结：这也是童话的另一个特点——反映某一现实生活，或者作者的某个观点。童话只是一种体裁，我们小学学到的文学体裁还有以下几种。

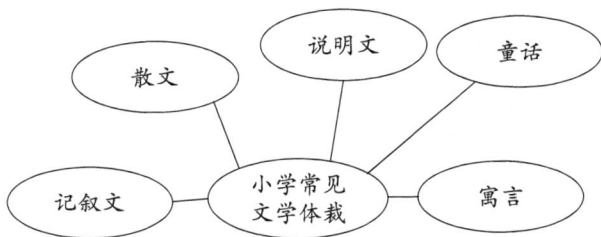

第三段　延读：我的童话世界

活动1：讲童话故事

开展小小故事会活动，每组选一名同学讲一个最熟悉的童话故事。

活动2：童话大王评选

投票选出本次童话故事会的"童话大王"，并颁发奖状。

活动3：小游戏"奇奇对对碰"

以小组为单位，一组写时间，一组写地点，一组写人物，一组写事件。四人一个组合，感受结果的奇妙，并选一个组合写成一篇小故事。

任务三：问到背后

第一段　预读：走近安徒生

（预读单设计）

学习目标

1.查阅相关资料，了解安徒生的生平。

2.阅读安徒生不同创作阶段的代表作，了解安徒生的创作过程。

学习过程

一、查阅资料，了解生平

请你查阅安徒生的生平资料，通过关键词，简单整理笔记。（温馨提示：可以按照他的成长过程整理，例如：少年—中年—老年）

二、泛读作品，了解思想

1.读代表作《拇指姑娘》《海的女儿》（早期），说说这两个故事反映了安徒生的什么思想。

2.读代表作《卖火柴的小女孩》《影子》（中期），说说这两个故事又反映了安徒生的什么思想。

3.读代表作《柳树下的梦》《幸运的贝儿》（晚期），说说这两个故事反映了安徒生的什么思想。

三、由文到人，升华认知

通过读童话故事，你从中懂得了什么？

第二段　研读：安徒生的童话人生

学习目标

1.了解安徒生的生平及童话创作的历程。

2.激发学生对安徒生的崇敬之情，进而爱上童话，懂得童话与人生、与现实的关系。

学习过程

一、回读课文，说故事

回顾课文，说说故事的主要内容，以及故事给我们什么启发。

二、阅读资料，说生平

1.交流自己收集的资料，按照安徒生的成长过程，通过抓关键词介绍安徒生的生平。

少年的安徒生——苦难；

青年的安徒生——追梦；

中老年的安徒生——巅峰。

纵观安徒生一生的关键词：坚强、执着、乐观，有爱心、有同情心……

2.填表格，了解安徒生童话创作思想的发展变化。

代表作	故事的启示	作者的思想
《拇指姑娘》《海的女儿》（早期）		充满绮丽幻想、乐观精神
《卖火柴的小女孩》《影子》（中期）		幻想成分减弱，现实成分增强
《柳树下的梦》《幸运的贝儿》（晚期）		

3.从这几部代表作中可以看出，安徒生童话创作主要分为三个时期。

三、了解成就，说感受

1.介绍安徒生的成就。

安徒生的作品体裁和写作手法是多样的，语言风格生动自然、流畅优美。尤其是童话具有独特的艺术风格，即诗意的美和戏剧性的幽默。他的作品被译成80多种语言流行于多个国家。

2.你从安徒生的一生懂得了什么，有什么感受？

第三段　延读：我的心里话

活动1：继续阅读《安徒生童话》

让学生课后继续阅读《安徒生童话》。

活动2：七嘴八舌说心理

请说一个给你印象最深的《安徒生童话》中的一个故事，并大体给同学们讲一讲故事内容，说说你从故事中体会到了什么，感受到了什么。

活动3：给安徒生的一封信

我们了解了作家安徒生的一生，他本身就是一个故事，他的故事伴着很多人走过了美好的童年。对这样一位大作家你想说什么，请给他写一封信，说说你的心里话。

任务四：问了还问

第一段　预读：难得会问

（预读单设计）

学习目标

1.自学掌握生字新词。

2.读懂课文，能通过抓过渡句的方法，简单归纳课文的主要内容；

罗列问题清单，思考可以从哪些角度提问。

3.通过对比阅读，初步了解说明文的特点。

学习过程

一、粗读，自学字词，了解大意

1.通读全文，画出读不准的生字、不理解的词语，用学过的方法理解。

2.找出文中的过渡句，并联系这个句子，也可以借助文章题目，说说课文的主要内容。

二、细读，读懂内容，练习提问

1.边读边做。

运用我们上节课学过的提问的方式（章节提问和整体提问），边读边把自己的问题写在文字的旁边或文章的结尾。

2.边问边答。

思考文中的和自己提出的问题，并试着解答。（可以画出答案，也可以把答案写在文字旁边）

3.边想边填。

试验顺序	试验方式	试验结果	试验结论
第一次			
第二次			
第三次			

三、对比读，品味语言，读出特点

大声朗读两个句子，品一品两个句子有什么不同？

1.科学家经过反复研究，终于揭开了蝙蝠能在夜里飞行的秘密。

2.科学家经过研究，揭开了蝙蝠能在夜里飞行的秘密。

我的发现：

_____

第二段　研读：博问广收

学习目标

1.交流字词，夯实基础。

2.运用质疑答疑的方式，掌握雷达和蝙蝠的关系；了解三次试验的表达特点；了解文言文语言的准确性。

3.通过问题列表，学习从不同的角度提问的方法。

学习过程

一、情境导入，激发兴趣

（播放夜晚飞机飞行的视频）同学们，在漆黑的夜晚，飞机能安全地飞往各个地方，你知道这是为什么吗？

（出示蝙蝠的图片）大家认识它吗？对它你们了解多少？飞机能安全飞行和这个小家伙有什么关系呢？

二、顺疑而导，学文悟法

1.请同学们默读故事的第四至第六自然段，并完成下面的表格。

试验顺序	试验方式	试验结果
第一次		
第二次		
第三次		

2.学生分小组进行交流。

3.体会详略得当的写法。

为什么第一次试验写得详细，而后两次没有详写？

4.明确蝙蝠的探路方法。

请同学们自己读课文的第七自然段，用"——"画出相关语句。

（1）试着用自己的话说说蝙蝠是如何探路的？

（2）边交流，边演示。

（3）进行知识拓展。（蝙蝠的嘴巴和耳朵的作用）

（4）比较下面的句子，哪种说法好？为什么？

科学家经过研究，揭开了蝙蝠能在夜里飞行的秘密。

科学家经过反复研究，终于揭开了蝙蝠能在夜里飞行的秘密。

（5）理解飞机夜行与蝙蝠探路的关系。

5.请同学们自己读第八自然段，思考雷达究竟是怎样工作的，它与蝙蝠之间又有哪些相似之处。

6.试着用自己的话说说雷达是怎样工作的。

（1）边交流，边演示。

（2）通过比较，理解飞机夜行与蝙蝠探路的关系，然后完成课后的填空。

（3）总结全文内容和学习方法。

学习作者由现象提出问题—然后分析问题—最后解决问题的方法。

三、梳理问题，落实要素

1.请同学们自己完成文后"一位同学提出的问题"。

2.梳理自己的问题，小组内讨论解决。

3.全班质疑，交流小组内没有解决的问题。

4.比较问题，总结提问的角度。

（1）这节课我们解决了三个问题：

飞机的夜间飞行和蝙蝠有什么关系？

为什么作者没有细致地写后两次试验？

超声波在生活中还有什么用途？

（2）大家思考的这三个问题是针对什么内容提出的？

飞机的夜间飞行和蝙蝠有什么关系？——文章的内容

为什么作者没有细致地写后两次试验？——文章的表达方法

超声波在生活中还有什么用途？——文章的启示

5.小结：我们在学习一篇课文的时候，要做到有效提问，可以从三个角度去提问——文章的内容、文章的表达方法、文章的启示。

四、对比训练，内化方法

1.自由阅读文后短文《它们是茎，还是根?》，试着从三个角度提出自己的问题。

2.学生质疑并归类。

3.教师适时解疑。

五、拓展延伸，扩大积累

1.了解仿生学。

2.交流人们从生物身上受到的启示。

3.好书推荐——《神奇的仿生学》。

第三段　延读：小小故事会

一、依据材料，介绍仿生学

根据收集的材料，介绍什么是仿生学?

二、讲故事，说研究

1.小组内讲一个关于仿生学的故事，以及人们是怎样利用仿生学进行研究的。

2.小组内推荐一名代表，在全班同学面前讲故事。

3.投票选出"故事大王"。

评价标准：讲故事的时候，语言表达要流畅，情感要生动，内容要完整。

三、说启示，谈理想

通过这些仿生学故事，你有什么发现或者启示?

任务五：我也会问

第一段　预读：问一问，选一选
（预读学案设计）

学习目标

1.认识"唤、纪"等12个生字，会写"唤、纪"等15个字，会写"呼风唤雨、世纪"等17个词语。

2.对课文提问，进行梳理整理，并填在问题列表里。

3.试着解决问题，并据此理解课文内容，能用自己的话说说课文的大意。

学习过程

一、粗读，感知大意

1.借助工具书为画线生字注音。

依<u>赖</u>（　）　农<u>耕</u>（　）　<u>潜</u>（　）入　船<u>舶</u>（　）　<u>哲</u>（　）学

2.借助工具书或联系上下文理解生词，把意思标注在词语旁，并能依词填空。

（　）风（　）雨　出（　）意（　）　慢（　）（　）　静（　）（　）

3.自由读课文，思考课文主要写了什么。

二、细读，质疑问难

1.默读课文，联系课文旁边注释的问题，试着提出自己的问题。

2.思考问题，对课文注释的问题、自己提出的问题、课后留下的问题，大胆地试着加以解答。

3.通过解答上面的问题，用自己的话说说课文主要写了什么。

三、对比问题，引出发现

自主思考，尝试解答课后第二题，考虑刚才的那些问题，哪些是帮助我们理解课文的？哪些是无关紧要，可有可无的？

列清单：

对理解课文有帮助的问题	对理解课文帮助不大，可有可无的问题

第二段　研读：会问更会选

学习目标

1.能给课文分类，筛选出对理解课文最有帮助的问题。

2.能借助问题理解课文。

3.能联系生活实际理解课文最后一句话的含义。

学习过程

一、借题发挥，质疑导入

今天我们要学习的是中国科学院院士路甬祥爷爷特意为我们小学生写的一篇文章《呼风唤雨的世纪》。

1.你怎么理解"呼风唤雨"？

2.爱因斯坦说过："提出问题往往比解决问题更重要。"读了题目，你有什么问题？

学生自由提问题。（筛选问题，能解决的问题随机理解，不能解决的可简单板书：如哪个世纪？为什么是呼风唤雨的世纪？谁在呼风唤雨？怎样呼风唤雨？……）

二、顺疑而导，理解内容

1.带着问题读课文，注意读准字音，读通句子，难读的地方多读几遍。

2.指名读课文，检查预读情况。

3.通过读课文，你解决了哪些问题？

依据学生汇报进行适时点拨引导。

预设（一）：20世纪是个呼风唤雨的世纪，那20世纪以前呢？

（1）默读课文，用横线勾画出人们在上百万年的历史中，是怎么生活的？

那时，没有电灯、电视机，没有收音机，也没有汽车。农耕时代，人们如何生活？

这个时候的人们对于大自然而言，用课本中的一个词语来说，就是——依赖。

（2）面对如此贫乏的生活，人们只能（引读）在神话中用"千里眼""顺风耳"和腾云驾雾的神仙，来寄托自己的美好愿望。但是，我们的祖先大概谁也没有料到，在20世纪的100年中，（引读）他们的那么多幻想纷纷变成了现实。20世纪取得的成就，真可以（引读）用"忽如一夜春风来，千树万树梨花开"来形容。你怎么体会这句诗？

根据学生回答并板书：变化多、变化大、变化快。

预设（二）：20世纪人们的生活发生了翻天覆地的变化，课文中的哪一段详细地向我们介绍了20世纪的科技成就？请用曲线勾画出相关的词句。

先自学批注，再小组合作交流。

小组选派代表读句子，根据学生汇报，出示相关语句（略），共同赏析。

（1）默读这一段，思考：作者为了让我们感受20世纪的科学成就，都运用了哪些说明方法呢？这样表达有什么好处？

（2）作者还通过与古代王公贵族的生活进行对比，让我们感受20世纪生活的什么特点？

师随机板书：舒适、方便。

文中说："人类生活的舒适和方便，是连过去的王公贵族也不敢想的。"你能想象过去的王公贵族们是怎么生活的吗？

（3）如果过去的王公贵族穿越时光隧道来到今天，想象一下，他们会怎么说，怎么做？

过渡：如此多的发明创造纷纷出现，的确给人们的生活带来了意想不到的惊喜。你用过哪些高科技的产品？谈谈你的感受！

（4）带着这份自豪我们一起读读这一段吧！（略）

4.小结：20世纪，人们的生活不再像农耕时代一样，物质生活十分贫乏，而是非常舒适方便。20世纪，人们不再完全依赖大自然了，而是正在利用科学技术回馈大自然。

请你用"聚焦相关段落—思考组织语言—小组交流汇报"的方式自主学习解决其他问题。

5.总结提升，激发自豪感。

这么多先进的、美好的、神奇的事物都在20世纪这100年的时间里冒出来了，我们用课文中哪句诗来形容——忽如一夜春风来，千树万树梨花开。

20世纪人们的很多幻想变成了现实，20世纪出现了那么多高科技产品，改善着我们的生活。我们不能不说——20世纪是——呼风唤雨的世纪！

三、对比总结，学习筛选

我们刚才提出了很多的问题，有的问题大家联系生活经验直接就能解决，有的问题需通过小组合作自主解决，还有的问题需老师反复引导才能明白，这说明了什么？

那什么是有价值的问题呢？用图示表现有价值的问题：

```
            ┌─────────┐
            │ 引发思考 │
            └─────────┘
   ┌─────────┐ ┌───────────┐ ┌─────────┐
   │ 含义深刻 │ │ 有价值的问题 │ │ 有争议 │
   └─────────┘ └───────────┘ └─────────┘
            ┌─────────┐
            │ 表达独特 │
            └─────────┘
```

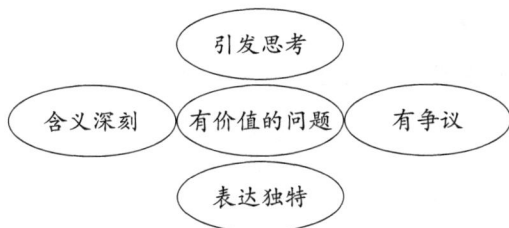

四、拓展阅读，内化方法

1.自己阅读《明天的太阳城》，试着提出有价值的问题。

2.全班汇报评选，选出"质疑小能手"进行表彰。

"质疑小能手"评价量表

评价标准	学生互评	教师评价
能清晰表达、语言流畅　　☆☆☆		
能针对内容、表达方法质疑　☆☆☆		
问题能引发思考、意义深刻　☆☆☆		

第三段　延读：提问我最棒

一、读文，质疑选疑

1.细读文章《飞翔之王：蜻蜓》，提出自己的问题。

2.在问题列表中，试着将问题分类。

对理解课文有帮助的问题	对理解课文帮助不大，可有可无的问题	问题的角度

3.小组合作，梳理并筛选有价值的问题。

4.小组派代表，进行全班展示。

二、挑战，评选问题小达人

1.以挑战的形式，两个组比一比，评选出问题优胜组和问题小达人。

评价量表

优胜组的标准	问题小达人的标准
有价值问题的数量	提问方向明确
问题梳理清晰准确	能清楚表达想法
小组合作有序有效	有价值问题的数量

2.教师为获胜小组和个人颁发奖状。

"深化一点"是为了"带动全面"，通过策略单元引起对教材中其他阅读策略的重视，并由阅读策略撬动阅读教学。阅读有法，但无定法。教学要解决的是"有法"，但"法"不是绝对，也不是全部，是为"无定法"抛砖引玉，激发个体创造。阅读策略单元的教学就是一张全面融合的网。

以单元为单位，知识横向统整。小学语文统编教材就是一个整体，所有内容都是筋骨与血肉相连的关系。策略单元的设计，主要是为了强调阅读策略在培养学生阅读能力中的不可替代的作用，并通过策略单元教学发挥强化和引领作用。在语文教学实践中，语文教师要努力将策略单元与其他单元建立一种策略上的横向联系，建立好学与用的关系，把策略单元学习的策略恰到好处地运用到其他阅读教学中，不断促进、内化，进而提升阅读能力。

以学段为线索，训练纵向进阶。不同的策略单元之间是一种阅读策略的纵向进阶，如三年级的"预测"到四年级的"提问"，再到五年级的"阅读与速度"，六年级的"有目的的阅读"，都是逐渐推进进阶的，这种进阶不是从这种阅读策略向另一种阅读策略的转化，而是这种策略向另一种策略的逐步进阶，从而形成最基础性的阅读策略素养，同时整合其他阅读单元。

横向单元知识，纵向学段训练，全面融合，整体推进。每个年级的阅读策略和其他阅读单元是横向勾连，而每个年级的阅读策略就是纵向勾连，每个年级的策略单元整合其他单元就是一个横、纵向的融合。这样就相当于编织了一张横与纵之间的关系网。这张网编织了阅读教学的方方面面。

小学语文阅读教学要坚守且须持之以恒地做到"从策略单元得法，到所有单元用法"的原则，不能使两者剥离，否则就会失去编写的意义。

二、基于习作策略单元的"三段一体"整合阅读教学

习作难，难于上青天。习作教学是语文教学的重要内容，也是最难落实的内容，但这却是语文教学的归宿。对于一线教师来讲，作文不好教，放开了，就容易跑偏；收紧了，就有可能千篇一律，文如嚼蜡。对于学生来讲，谈起"作文"色就变，宁可多读几本书，多学几篇课文也不愿意写作文。习作单元是统编版语文教材新增的特殊功能单元，也是统编版教材的亮点之一。

一个习作单元，一般都是由两篇精读课文、交流平台、初试身手、两篇习作例文和一次习作构成，这些内容都紧紧围绕着某一项习作能力展开，各项内容之间又是环环相扣，具有整体性、综合性、实践性和连续性。在单元导语处，编者就点明了本单元习作教学的训练要点——习作能力训练点；两篇精读课文从不同角度落实训练要点，指导学生写作方法；交流平台则是对本单元的习作方法和训练要点进行梳理；初试身手给学生搭建一个小试牛刀的平台，在相关内容的提携下初步运用学到的习作方法，为接下来顺利完成习作打下基础；两篇习作例文是在精读课文的基础上对习作方法再次巩固和内化，这样环环相扣、层层推进，相得益彰。

但是精读课文该怎么引领？如何在保证学生学习兴趣的同时，让习作方法落地？习作例文如何处理才能发挥更大作用？针对这些思考，下面以两个课例加以说明。

课例1：统编版小学语文四年级下册第五单元

教材分析

本单元是习作策略单元，安排了两篇精读课文（《海上日出》《记金华的双龙洞》）、交流平台、初试身手、两篇习作例文（《七月的天山》《颐和园》）、习作五个部分内容。每项内容的安排，目标都指向学生习作能力的培养。

本单元语文要素是"了解课文按一定顺序写景物的方法"，习作要素是"学习按游览顺序写景物"。本单元围绕"了解课文按一定顺序写景物的方法"这一训练点在两篇精读课文中都有不同的训练角度：《海上日出》着重学习用"景随物变"或者"景随时变"的方法写景物；《记金华的双龙洞》着重学习用"随着地点转移"的方法写景物。除此之外，本单元还有一个训练点，就是"把重点景物写清楚"。两篇习作例文在巩固前面三个训练点的同时，还提出了学习写"过渡语"的方法。

本单元教学的重点是引导学生按顺序写多处景物，难点是既能按顺序写出景物特点，又能清楚具体地写出印象深刻的景物特点，引导学生观察自然，感受身边的美。

单元情境与任务

情境创设

生活中并不缺少美，而是缺少发现美的眼睛。海上日出，金华的双龙洞,七月的天山……处处洋溢着自然之美,如何才能把这些美记录下来,让更多的人通过语言文字看到这些美好?让我们带上"照相机"(我们的眼睛)去发现美,表达美,做祖国美景的优秀小导游吧。

任务框架

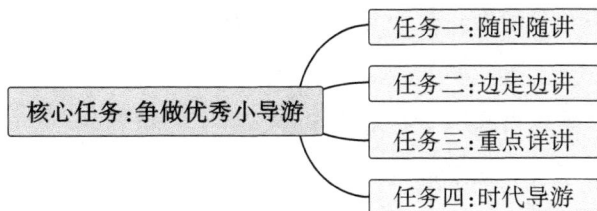

单 元 任 务 设 计

任务	整合阅读	三段设计
任务一:随时随讲 按时间变化顺序说景物	《海上日出》《山海圣境北戴河》《庐山落霞》	预读:我们一起看日出 研读:巧笔"话"日出 延读:跟着"书"导去旅行
任务二:边走边讲 按游览顺序说景物	《记金华的双龙洞》《鼎湖山听泉》《游日则沟》	预读:双龙洞一日游 研读:我是小导游 延读:导游日记
任务三:重点详讲 把重点景物详细讲	《记金华的双龙洞》《桂林山水》《趵突泉》	预读:美言话美景 研读:写景有方法 延读:摄影大会
任务四:时代导游 评选优秀小导游	《钱塘湖春行》《昆明湖对联》《雨西湖》《关山月》	评选优秀小导游

单 元 导 读 学 案

"妙笔写美景,巧手著奇观",其意可以理解为"用巧妙的笔(语言)

书写奇美的景观"，由此可见本单元是专项写作单元。即要从本单元中学习一定的写作方法，去抒写奇美的自然景观。那么，我们要学习什么写作方法？怎样才能写出景观的奇美呢？让我们一起踏上学习之旅，去收获知识和方法！静心读书是攻克一切问题的法宝！

一、粗读，扫除障碍

1.默读单元导读页，想一想本单元的语文要素是：

_____

2.通读本单元内容，自行解决字音、字义、词义。

（1）读准字音，给加粗的字注音。

扩（　）大　　镶（　）嵌　　浙（　）江　　簇（　）拥

漆（　）黑　　蜿（　）蜒（　）　　臀（　）部

（2）多音字，读准字音并组词。

荷＿＿＿＿＿＿＿＿＿　　　刹＿＿＿＿＿＿＿＿＿

（3）认真书写一遍生字，你认为：

难写的字：＿＿＿＿＿＿＿＿＿＿＿＿＿

难记的字：＿＿＿＿＿＿＿＿＿＿＿＿＿

（4）用你喜欢的方式理解词语。

重荷：＿＿＿＿＿＿＿＿＿＿　　变化多端：＿＿＿＿＿＿＿＿＿＿

蜿蜒：＿＿＿＿＿＿＿＿＿＿　　突兀森郁：＿＿＿＿＿＿＿＿＿＿

二、细读，知文大意

1.细读课文，初步了解本单元共设计了几个板块的内容。

2.完成下列表格，梳理单元内容。

	板块	主要内容
精读课文	《海上日出》	主要写了日出前、＿＿＿＿、＿＿＿＿的迷人壮观景象
	《记金华的双龙洞》	主要写了金华双龙洞的外洞、＿＿＿＿、＿＿＿＿的情景

续　表

板块	主要内容
＿＿＿＿＿＿	梳理、总结写景物的方法
初试身手	初步尝试运用学到的写作方法
习作例文	分别写了＿＿＿＿＿＿，＿＿＿＿＿
习作	＿＿＿＿＿＿＿＿＿＿＿＿＿

单元导读课设计

学习目标

1. 自学掌握本单元的生字、理解新词。

2. 初步概括精读课文和习作例文的主要内容，试着说说文章是按什么顺序写的。

3. 明确本单元训练要点，初步感知"交流平台"中梳理总结的写作方法。

学习重难点

1. 理解掌握生字新词，读熟文章，明确要求。

2. 初步了解文章的写作顺序。

学习过程

一、识字解词，大比拼

第一关：读准音

扩大　镶嵌　浙江　簇拥　漆黑　蜿蜒　臀部　重荷　刹那

第二关：记字形

"镶"是（　）部，第16笔是＿＿＿，共＿＿＿画。

"臀"是（　）部，第2笔是＿＿＿，组词：＿＿＿＿＿＿。

"笋"用音序查字法先查＿＿＿＿，再查音节＿＿＿＿，第七笔是＿＿＿＿。

第三关：能解释

蜿蜒：_____，重荷：_____，突兀：_____，森郁：_____。

二、试说内容，语言巧

1.针对本单元几个板块，选择一个用最简单的话说说它的主要内容。

2.在概括内容的过程中，你发现了什么好方法了吗？

三、朗读闯关，我最棒

请自由选择精读课文和习作例文中的一个片段，自行练习2分钟，思考这段写了什么，你觉得该用什么语气、感情去读，请大声地读出来。

1.学生练习朗读。

2.朗读展示，大家评价、打分。

四、理清思路，顺序明

1.同学们，你们发现了吗？本单元的文章都是写景物的，而且写作顺序非常明朗，让我们一起梳理一下吧。

2.请你选择一篇文章，用简笔画的形式表示一下它的写作顺序。

五、自由表达，说美景

本单元我们和作者游览了这么多的美景，你觉得哪处景物给你留下了深刻的印象，请你扮演小导游给大家介绍它的美！

板书设计

主题　写景有顺序

训练点　按一定的顺序描写一处景物

任务一：随时随讲

第一段　预读：我们一起看日出

大自然是神奇的魔法师，她为我们创造了无数的奇迹：大海、小溪、云雾、晚霞……真是美景如画！海上日出更是令人迷醉，令人神往，让我们跟随作者的脚步一起去看海上日出吧！

一、粗读，明大意

1.熟读课文，用自己的话概括每个自然段的内容。

第一段交代了作者看日出的时间是_____，地点是在_____；

第二段_____；

第三段_____；

第四段_____；

第五段写了天边有黑云时日出是什么样的。

第六段作者总的赞美日出是伟大的奇观。

2.你觉得哪几段具体写了日出的过程？

二、细读，观风景

1.作者在写日出时是按照时间变化顺序写的，先写太阳在海面下—（　　　　）—（　　　　）—放射出亮光。

2.你觉得这部分内容哪里给你的印象最深，请抓住关键字词做批注。

3.第四、五段写了不同时候日出的景象，你能说说太阳各自在什么情况下，有怎样的情境吗？

第四段——？

第五段——？

三、对比读，找异同

自由读《山海圣境北戴河》《庐山落霞》，你觉得这两篇文章和《海上日出》在内容或者写法上有什么异同？

第二段　研读：巧笔"话"日出

学习目标

1.品读课文，从颜色、亮光、位置等具体的描写中感受海上日出的伟大与奇妙。

2.通过想象画面，用简笔画的形式明确作者按照时间的变化顺序介绍景物的方法。

学习重难点

1.抓住颜色、亮光、位置的变化，感受日出时的奇妙景象。

2.理清文章的顺序，学习按照时间变化顺序写景物的方法。

学习过程

一、情境导入，进入画面

同学们，先把书翻到第64页，再扣在桌面上，闭上眼睛，突然把书翻过来，你看到了什么颜色？还有什么？（略）这是大自然这位"画师"送给人们的厚礼，也正是为了这一刻的美景，作者"常常早起"，从这你能知道什么？作者发出由衷的感叹——这是伟大的奇观！今天我们何其有幸，没有早起就能看到这伟大的奇观，让我们一起去欣赏吧！

二、细读品味，感受日出之美

作者说海上日出是"伟大的奇观"，走进课文，边读边想象画面，边思考日出的"奇"表现在哪里？"伟大"又表现在哪里？

1.细读第二、三自然段，边读边想象太阳位置的变化以及周围的颜色和亮光都发生了怎样的变化？

"太阳没出来时"，用简笔画画出浅蓝的海面，颜色很浅，周围出现了红霞，慢慢扩大……随着老师的描述，想象着画一画，并给这幅画起个名字——日出前浅蓝映红霞图。想着画面，读出这时的颜色之美。

红霞慢慢扩大，亮光在加强，读出它的红、它的亮——

看着这样的变化，就知道——太阳快出来了，从这里能看出作者等日出的心情是怎样的？读出来。

"果然"可不可以去掉？为什么？（表示意料之中，过渡的作用）

（随着学生的回答，教师及时引导。）

太阳露出"小半边脸，红是真红，却没有亮光"，让学生在刚才的背景上画出这个真红的半边脸。这种天然的红，可看看书上的插图，提问太阳红吗？你想说什么？读出来。能给这幅图起个名字吗？——太阳露半脸红艳艳图。

太阳"完全跳出了海面"，让学生抓关键词自由表达自己的理解、感受，写出太阳升起时的艰难、不容易；太阳自身的努力向上；冲出重围后的美丽可爱。（这三处描写，可让学生联系生活实际，谈谈自己的感受，同时品味写作方法。这里运用了拟人的手法，从前面的静态描写到现在的动态的描写，随着分析，指导学生朗读文章，感受太阳的"伟大"。）

在前面画简笔画的基础上，可以让两个学生表演太阳升起的过程，同时感受这份喜悦。

太阳"发出了夺目的亮光"，从"圆东西""夺目"你能感受到什么？（伟大和奇妙。）

师小结：在这里，我们看到了四幅画面：日出前浅蓝映红霞——太阳露半脸红艳艳——冲出重围跳出海面——绽放亮光染红云霞，这四幅画面可以颠倒顺序吗？这是按什么顺序描写的？在按这个顺序的描写中，作者抓住了什么，通过什么方法，写出了日出的伟大和奇妙？（抓住颜色、亮光的变化，采用拟人的手法，静动结合的方法）哪一幅图给你印象最深，请你背下来。

2.云多时、有黑云时，日出又是怎样的呢？

天气晴朗的时候太阳努力带给我们伟大的奇观，那么多云或者黑云是否能阻挡太阳升起的脚步呢？那又是一番怎样的景象呢？

引导学生说出太阳的伟大和景观的奇妙，并把自己的感受读出来。

提示作者写作上运用的过渡语——"有时……有时……"，读起来自然贴切。

三、对比阅读，拓展迁移

自由读短文《山海胜地北戴河》，思考本文作者描写的是什么景物，是按什么顺序写的?

1.自主学习,批注总结。

2.小组合作交流自己的发现,完善理解。

3.汇报交流文章写了什么景物,是按什么顺序写的。

四、总结提升,领悟写法

通过学习《海上日出》并阅读《山海胜地北戴河》,可以看出要想写一处景物可以用什么顺序?在理清顺序的同时,思考怎样把其中的景物写清楚?(抓住特点、运用修辞和描写方法)

板书设计

早起看日出——常常早起

海上日出 { 晴天看日出 { 日出前:浅蓝—红霞—加强亮光
日出时:小半边莲—上升—冲破—跳出 }
有云看日出 { 薄云时:直射—亮光
黑云时:透—镶—冲—染—光亮 } }

赞日出景观——伟大的奇迹

第三段　延读:跟着"书"导去旅行

学习目标

1.回读《海上日出》,总结写景物的顺序和印象深刻的写景物的方法。

2.阅读《海行杂记》整本书,然后进行交流,跟着巴金去旅行,巩固写法。

3.通过小练笔,尝试运用拟人写法,变方法为能力。

学习过程

一、复习课文,总结写法

浏览课文《海上日出》,想一想作者是按什么顺序写日出的伟大与奇妙的？哪里给读者的印象最深刻，它是怎么做到的？

二、品读交流，赏景悟法

1.巴金的《海行杂记》还记录了哪些景物？指名交流。

2.请选择给你印象最深的一处景物，用画简笔画的方式描绘这处景物，并说说你是按什么顺序描绘的。

3.师在黑板上画出《海行杂记》的路线图，根据学生的汇报标注相应地点及景物，最终形成简易旅行地图。

4.请你绘制这幅旅行图，并把此书介绍给你的家人。

三、迁移运用，方法沉淀

选择你最难忘的一次旅行，用学过的描写景物的方法，介绍你看到的景物。

任务二：边走边讲

第一段　预读：双龙洞一日游

大自然就是一位魔法师，为我们变换出多姿多彩的世界；大自然还是一名能工巧匠，为我们创造出超乎想象的奇观美景。金华的双龙洞就是一个奇迹，我们即将去那里游览，一起做好准备吧！

叶圣陶简介：

_____

_____

一、粗读，整体感知课文内容

1.大声读课文三遍，思考每个自然段写了什么地方的景物。（温馨提示：请认真读每段的第一句话，你会有发现的哦。）

2.默读课文，理清作者游双龙洞的顺序，再把下面的路线图补充完整。

路上——（　　）——（　　）——（　　）——（　　）——出洞

二、细读，梳理文章写作顺序

1.你能想象作者游览双龙洞的顺序吗？依据上面的路线，你能画个游览示意图吗？试一试吧！

（此处为空白框）

2.请你扮演小导游，借助示意图给家人讲一讲双龙洞。

三、对比读，方法迁移理顺序

读《鼎湖山听泉》一文，思考如下问题：

1.本文写了哪些地方的景物？

_____

2.本文是按什么顺序写的？请你画出路线图。

路线图：

（此处为空白框）

第二段　研读：我是小导游

学习目标

1.熟读课文，能借助每段的第一个句子快速概括每个自然段介绍的地方。

2.通过图示法，学习按游览顺序写景物的方法。

学习重难点

通过图示法，掌握文章按游览顺序写作的方法。

学习过程

一、创设情境，感受美景

播放金华的双龙洞视频，让学生说说自己的感受，这是怎样的地方。

今天我们每个人都化身为小导游，请你们带着老师去那里游览一番吧！

二、初读课文，整体感知

1.浏览课文，现在我们正坐着大巴车，在去金华的路上，请你把双龙洞的位置，大概给大家介绍一下吧！

2.找到相关信息，梳理课文内容。

3.找一个小导游为大家介绍双龙洞。

三、细读课文，走进双龙洞

1.个人准备阶段。

伴着一路风景，我们来到了双龙洞口。下面就要发挥导游员的力量了，请大家做好准备，借助文中的相关文字——风景的介绍，对游览的方式方法、注意事项等内容进行整理，梳理自己的语言。

2.小组合作阶段。

小组合作画一画游双龙洞的示意图，选派代表作导游员，一起组织语言，为接下来的导游活动做好充分的准备。

3.导游员在行动。

旅游开始，请导游员为大家引路并做相关讲解。

4.评选最佳导游员。

请思考游览的过程，说说评选最佳导游员的理由。

5.获奖感言。

请获得"最佳导游员"的同学说说，你是怎样做到介绍得如此清楚的？

四、对比阅读，拓展延伸

请自由读《鼎湖山听泉》，依据上面介绍景物的方法，自己组织语言，带大家游览鼎湖山的风景。

五、总结提升，归纳方法

1.对比两篇文章有什么相同之处，这样写有什么好处？按游览顺序写作要注意什么？

2.小练笔：请你按照游览顺序介绍我们的教学楼。

板书设计

第三段　延读：导游日记

学习目标

1.沉淀按游览顺序写景物的方法。

2.尝试用游览顺序介绍一处景物。

学习重难点

沉淀方法，学会运用。

学习过程

一、回顾课文，再忆方法

1.回顾《记金华的双龙洞》一文，想一想课文是按怎样的顺序介绍双龙洞的？

路上——（　　　）——（　　　）——（　　　）——（　　　）

2.这样写的好处是什么？

学生分小组讨论，然后派代表汇报。

二、类文阅读，总结方法

1.读类文《记金华的两个岩洞》《将军洞》，用学过的方法理清文章的写作顺序，按照这个顺序画出游览示意图。

2.依据示意图，写导游日记，并向广大读者介绍两处风景区的景物特点。

三、表演展示，拓展延伸

1.汇报展示：请准备好的小导游为大家带来精彩的美景介绍。

2.创设情境：回忆长河公园的游览顺序，请你用学过的方法介绍长河公园。

学生先画出游览示意图，再写导游日记。

板书设计

《记金华的两个岩洞》　　《将军洞》

按一定的顺序写

游览顺序　　景物变化

任务三：重点详讲

第一段　预读：美言话美景

一、粗读，知景物

通读课文，在下面思维导图中填上作者所游览的地方。

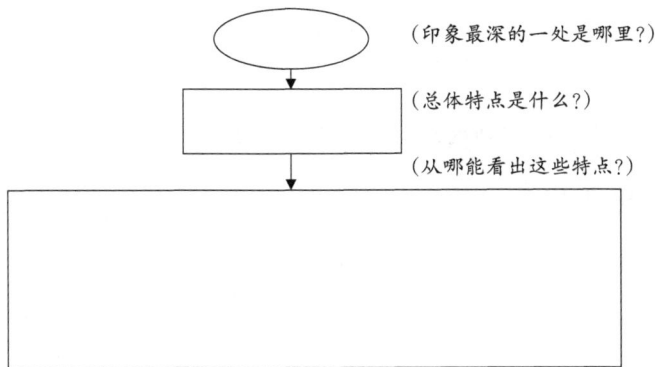

（印象最深的一处是哪里？）

（总体特点是什么？）

（从哪能看出这些特点？）

二、细读，抓特点

1.细读课文，概括不同地方所见景物的特点。

2.给你印象最深的是哪个地方？请你详细介绍一下，并完成下面的游览示意图。

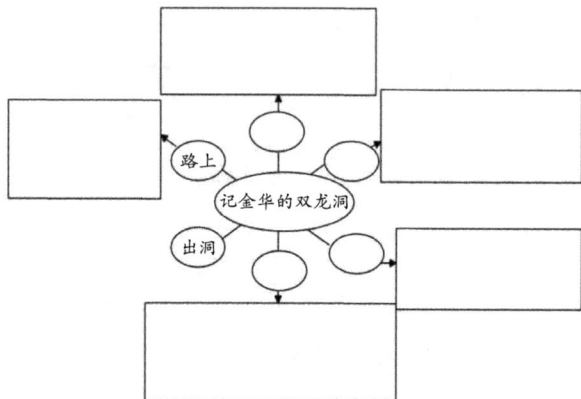

记金华的双龙洞

路上

出洞

三、对比读，练方法

自由读《鼎湖山听泉》，概括文中印象最深的一处景物的特点，并简单介绍一下。

第二段　研读：写景有方法

学习目标

1.能够清楚掌握文中所写到的景物特点，特别是重点景物的特点。

2.通过品味语言文字、对比阅读，掌握把景物特点写清楚的表达方法。

3.能灵活运用所学到的表达方法描写一处景物。

学习重难点

掌握把重点景物特点写清楚的方法。

学习过程

一、单元导入，构词句，明任务

1.语文即语言文字，最大的特点是"字字有玄机，语语皆学问"。请看对偶句"妙笔写美景，巧手著奇观"，你能只改变文字的顺序就把它变成普通的陈述句吗？"巧妙手笔著奇观写美景"，这样就很容易看懂，这也是第五单元的主题。围绕这个主题你能提出什么问题？

2.我们已经学习了一种写景物的方法——按照顺序写景物。但一篇文章顺序只是框架，要让景物给人留下深刻的印象，我们还要掌握一个本领——把景物的特点写清楚。

3.下面让我们一起走进课文，看看巴金爷爷的《海上日出》，他是怎样把景物特点写清楚的。

二、细读文本，品语言，悟表达

1.浏览《海上日出》，说一说这篇课文是按什么顺序写的，分别写了哪几个阶段的景物？哪个阶段的景物给你留下的印象最深刻？

出示课文片段。（略）

这一段话写了日出的哪几个阶段，每个阶段着重写了什么？用一个字概括。（红、升、亮）

写这三个方面时，作者是怎样展开的？（逐句品味）

（1）红：红得怎么样？真红是怎样的红？有多红？能举个例子吗？像红纸一样？还是像红墨水一样？请读出来。

"没有亮光"的红是怎样的红？（出示日出时红红的太阳）请感受一下，并读出来。

（2）升（冲）：抓住词语，说说是怎样升的？从中能体会到太阳的什么特点？描写运用了什么方法？

"一步一步""慢慢地""努力"——上升得很慢、很艰难。如果这样写"太阳一步步上升"，哪种描述更好？为什么？请读出来。

"终于"也写出了升的不容易，还流露了什么情感——喜悦。"冲破""跳出"，采用拟人的手法写出了太阳的势不可挡、勇往直前，以及此时此刻作者为太阳的不惧困难而感到喜悦。请读出来。

这里也可以和第一句对比，一个是"红是真红"，一个是"红得非常可爱"，不同的是"可爱"流露了作者的喜悦之情，接下来就可以从为何喜悦来展开，然后跳出这部分。

请学生用文中的一个词语形容此时太阳的特点。（伟大）

出示文中最后一句话"这不是很伟大的奇观吗？"那么它的"奇"又表现在哪里？

（3）亮："一刹那""忽然"形容亮得速度快，"夺目""射得人眼睛发痛"描述了亮的程度。请读出来。

与第一句比较，"没有亮光"到"发出了夺目的亮光"只在一刹那，有如此大的变化真可堪称——奇观！

日出时刻美妙至极，难怪大诗人白居易写到"日出江花红胜火"啊，让我们记下这个美妙的时刻。（两分钟记忆时间）

2. 语言文字像日出一样很神奇，作者短短三句话就让我们仿佛身临其境地看到了那伟大的奇观。作者是怎么做到的，怎么写的呢？

借助板书总结：依着太阳的变化，抓住每个阶段的特点——依物变化抓要点。

总结学习方法：读——读懂；品——抓关键词句，品其特点；总结——总结写景物特点的方法。

3. 借助学习单，先说出空隙的特点，再感悟本段的写法——亲眼看到加亲身感受到。

自己学习《颐和园》和《七月的天山》，抓住景物特点，品味"比喻"的不同表达方式。

这两篇文章都运用了比喻：

（1）"静得像一面镜子，绿得像一块碧玉。"

（2）"像织不完的锦缎那么绵延不断，像天边的霞光那么灿烂耀眼，像高空的彩虹那么绚丽夺目。"

相同点是都能一步到位表达出景物的特点，那不同点是什么？"织不完""那么"能表现出什么？

让学生总结各自的优点：一个简单明了，一个更全面具体。

同样都是比喻，但表达方式不同，效果也不同，这就是语言文字的魅力。这两篇文章的主要表达方法可以总结为——巧用比喻。

三、迁移运用，试方法，会表达

看来要把景物特点"讲"（即写）清楚方法有很多，现在我们来试一试，可以用到上面刚学的方法，也可以用其他你喜欢的方法。

1.出示三个情境：日落、校园的柿子树、美丽的桃园。

2.选择一个自己喜欢的情境，先和同桌讲一讲，再写一段话。

四、总结升华，感语奇，激情憬

"妙笔写美景，巧手著奇观"，四位作家巧妙组合语言文字，灵活运用表达方法，为我们描绘了一个个生动逼真的美景奇观，如临其境，感同身受，这就是语言文字的魅力。相信同学们在讲美景、写美景的过程中都具备了成为一名优秀小导游的素质，期待优秀小导游的诞生。

第三段　延读：摄影大会

学习目标

1.明确写清楚重点景物的方法。

2.通过拓展练习，巩固并沉淀写清楚重点景物的方法，并能尝试运用。

学习过程

一、回顾课文，复习方法

我们跟着作者观看了海上日出，游览了金华的双龙洞。如果你的大眼睛就是一部照相机，你拍摄的哪一处景物给你印象最深？回顾《记金华的双龙洞》和《海上日出》，想一想把重点景物写清楚的方法有哪些？

文章	重点景物	景物特点	描写方法
《记金华的双龙洞》	外洞和内洞之间孔隙	狭窄	
《海上日出》			

二、拓展练习，巩固方法

请带上你的"照相机"，跟随作者去游览《颐和园》《趵突泉》《桂林山水》。你"拍下"了哪个景点？有什么景物？作者是怎样描绘景物的？

文章	重点景物	景物特点	描写方法
《颐和园》			
《趵突泉》			
《桂林山水》			

三、随堂练笔，运用方法

回忆你去过的地方中印象最深的一处，请运用学过的方法给大家介绍一下。

小练笔（一）

著名作家巴金通过在不同时间太阳的位置、颜色、光亮的变化，向我们描绘了一幅又一幅海上日出的图画，让每一个读者都仿佛身临其境感受其中的美。那么你能选择一天，用心观察一下日落吗？仿照巴金爷爷的写法——在不同时间太阳的位置、颜色、光亮的变化，写一写"日落"。

小练笔（二）

学了《记金华的双龙洞》，我们知道了著名作家叶圣陶老先生是用"移步换景"的方法，也就是"地点换景物变"的方法介绍了双龙洞。同学们，你们一定游览过长河公园吧，那么你能仿照叶圣陶老先生的写法，介绍一下长河公园吗？如果先绘一个参观图，相信你会介绍得更完美。

参观简图：

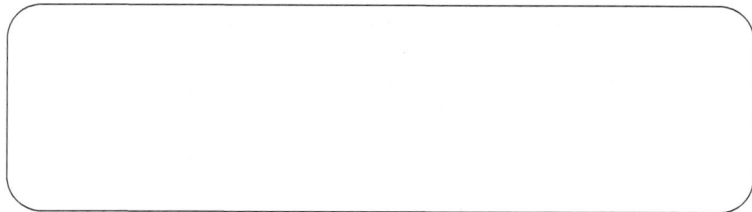

板书设计

《记金华的双龙洞》

重点景物 —— 细致描写

任务四：时代导游

活动设计

一、活动主题

评选优秀小导游

二、活动地点

四年级六班

三、活动时间

2021 年 4 月 28 日

四、活动目的

1.通过实践活动，促进学生对写景物文章的阅读，激发热爱大自然的思想感情，让学生学会用普通话进行口语交际，培养倾听能力和习惯。

2.借助图片引导，联系学过的方法，引导学生运用"景随时变""景随地点变"的表达顺序把所见所想说清楚，巩固把重点部分讲详细的方法。

3.有意识地引导学生相互评价和自我评价，相互学习，促进评价能力和表达能力的提升。

五、活动过程

1.观察图片知美景。

教师出示一组图片——校园一角、小区一角、公园一角，引导学生选择自己喜欢的一张图片仔细观察。

2.构思框架说美景。

选择介绍美景顺序的方法，用思维导图的方式构思如何向别人介绍此处美景。

3.小组合作绘美景。

小组内模拟，大家合作，互相提意见，补充完善内容。

4.全班展示选优秀。

选手上台展示，师生进行评价。

评价量表

评价标准	评价标准
态度：亲切自然有耐心	☆ ☆ ☆ ☆ ☆
表达：思路清晰有方法	☆ ☆ ☆ ☆ ☆
讲解：讲解详细有吸引力	☆ ☆ ☆ ☆ ☆

评价方式：学生互评，教师评价。

5.活动颁奖。

为优秀小导游颁发聘书。

课例2：统编版六年级上册第五单元

教材分析——以立意为宗，不以能文为本

本单元语文要素是"体会文章是怎样围绕中心意思来写的"，习作要求是围绕"从不同方面或选取不同事例表达中心意思"这一要素，编排了写人、记事、写景等不同类型的课文，包括精读课文和习作例文，引导学生体会怎样表达中心意思，帮助学生掌握围绕中心意思写作的方法。

本单元的两篇精读课文，让学生体会文章是怎样围绕中心意思来写

的，初步学习从不同方面或选取不同事例来表达中心意思的方法。《夏天里的成长》是一篇散文，围绕"夏天是万物迅速生长的季节"这一中心，描写夏天里有生命的植物、动物，甚至无生命的河流、铁轨、柏油路的"生长"，最后写到人的成长，观察细腻，中心突出。《盼》是一篇记叙文，叙述"我"得到新雨衣，盼望下雨穿雨衣、想借买酱油穿雨衣、如愿穿上新雨衣的经历。通过语言、动作、心理的描写，详细、具体地展示了小孩子"焦急盼望"的心理。两篇文章从不同文体、不同题材帮助学生体会围绕中心意思写的方法。

交流平台主要是对学到的表达方法进行梳理和总结，通过梳理引导学生明确围绕中心写清楚的两个关键点：一个是从几个方面，或者选取具体的事例写；一个是在写的时候把突出中心的重点部分写详细，写具体，这样才能给读者留下深刻的印象。

初试身手主要是从理论到实践的过程。初步让学生能够围绕中心选取合适的材料，选择合适的写法。这里主要安排了两个内容：第一个是根据给出的中心——"戏迷爷爷"判断筛选材料，其目的是培养学生能够围绕中心意思筛选材料；第二个是围绕题目，思考是从几个方面还是选取具体的事例来写的方法。

习作例文再次对本单元的表达方法提供材料。《爸爸的计划》围绕"爱订计划的爸爸"这一中心，选取几个具体的事例，并在旁批中点明文中是如何围绕中心选取材料的，文章把重点事例重点写详细。《小站》从建筑、月台、喷水池、四面的山等方面写出了小站的小，但是却很温馨。两篇文章一个写人，一个写景；一个选取具体事例围绕中心写，一个从几个方面围绕中心写，为后面的习作训练提供了很好的素材。

教学本单元应注意的几个问题：

一、单元统备，围绕训练点整体推进

本单元的所有安排都指向学生习作能力的培养，训练的要点是"围绕中心意思写"，为了实现这个培养目标，教学时就要准确定位每项教学内容的教学目标。例如精读课文不再像其他文章一样过多注重意思的品悟，语言的积累，而更多关注学习文章"如何围绕中心选择材料""如何把重点部分表达详细"的表达方法。交流平台重点是对所学到的方法进行梳理，明确认知等，每一项教学内容都要以服务于训练点展开教学。

二、着重培养学生围绕中心选材的能力

根据单元习作要求，本单元重点是培养学生围绕中心选择合适的材料。精读课文要引导学生充分了解课文是怎样围绕中心选择合适的材料的。初试身手，一个围绕中心，通过对已给的材料进行判断并说清楚选择理由，初步尝试如何选择合适的材料；另一个放手让学生根据题目，自己大胆选择材料的递进方式，层层推进，帮助学生逐渐学会围绕中心选择材料。

三、注意各个板块之间的联系

习作单元最突出的特点就是通过一个单元的学习和练习，助推学生对一个习作本领经历从不知道到了解、从了解到学会、从学会再到会用的过程。本单元的五个部分都是基于"围绕中心意思写"安排内容，只不过是每个部分的教学侧重点不同，教学时要把握好侧重点，有序开展教学。五个内容也可以根据实际教学的需要，灵活合理地安排教学顺序，不必要一成不变、墨守成规，因为所有内容都是为培养学生表达能力而安排的。

单 元 情 境 与 任 务

情境创设

夏天、小站、雨衣……都是生活中的日常，成长的夏天、温暖的小站、期盼着穿上雨衣、计划迷爸爸……这些平凡的事和人，在作者笔下处处蕴含着真情实意。试着像作家一样，发现寻常中的不一般，用心感受生活，寻找那个最"亮"的点，书写属于自己的得"意"之作。

任务框架

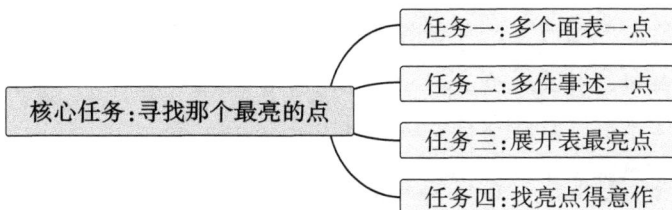

单元任务设计

任务	整合点	类文	三段设计
任务一： 多个面表一点	围绕中心意思 从几个方面写	《小站》 《忙碌的早晨》	预读：一心多意 研读：意重意浓 延读：拼"意"大赛
任务二： 多件事述一点	围绕中心意思 用几件事写	《爸爸的计划》 《爸爸的花落了》	预读：众里寻"你"(中心点) 研读：线牵所有 延读：比、选、用
任务三： 展开表最亮点	把重点内容写具体	《童年的笨事》 (节选)	预读：光芒万丈 研读：一点开花 延读：能言善说
任务四： 找亮点得意作	围绕中心意思写	自由阅读	习作指导与讲评

单元导读学案

同学们，本单元是习作策略单元，通过本单元的学习，我们将学到新的表达方法，提高写作能力。

一、粗读，扫除障碍

1.默读单元导读页，谈谈对"以立意为宗，不以能文为本"的理解。

_____

2.本单元的语文要素有两点，分别是：

_____

3.通读本单元内容，自行解决字音、字义、词义。

二、细读，知文大意

1.细读课文，初步了解本单元每个板块的大意。

2.完成下列表格，明确文章大意。

表达方法	单元编排	主 要 内 容
围绕中心意思写	《夏天里的成长》	文章围绕"夏天是万物生长的季节"，写了动植物、____ _____
	《盼》	小作者得到一把心爱的雨伞，晴天盼、_____ _____，最后终于穿上新雨衣
	交流平台	本单元"围绕中心意思写"，教给我们两个方法：一个如《夏天里的成长》，是从几个方面写，一个如《盼》，用几件事写出盼的心切
	初试身手	两个训练： (1)依据给出的中心和材料，先判断、再选择，明确选择方法； (2)选择一个中心，自己想材料
	《爸爸的计划》	围绕"爸爸爱订计划"用_____来写
	《小站》	围绕小站的"小"从_____来写
	习作	通过学习，学会立意—选材—构思—写作的方法

三、质疑，深度思考

通读本单元各部分的内容，就内容和表达方式你有什么不懂的地方？学贵有疑，请把你的思考写下来吧！

_____

单元导读课设计

学习目标

1.明确单元主题和语文要素，学习掌握本单元的生字新词。

2.通读各部分内容，初步了解每个部分写了什么，理清各部分之间的关系，并能用自己的话概括每部分的主要内容。

3.借助课后问题、文中批注等，进一步思考和阅读。

学习重难点

1.通读各部分内容，初步了解每个部分写了什么，理清各部分之间的关系，并能用自己的话概括每个部分的主要内容。

2.借助课后问题、文中批注等，进一步思考和阅读。

学习过程

一、初读感知

1.阅读单元导读页，关于写作，重点在_____。（立意）

2.本单元的训练要点是_____。（语文要素）

3.默读课文，读准字音，识记字形，试着理解生词。

二、细读了解

1.借助昨天预习的表格，分别说说每一部分的主要内容。

表达方法	单元编排	主要内容
围绕中心意思写	《夏天里的成长》	文章围绕"夏天是万物生长的季节"，写了动植物、_____ _____
	《盼》	小作者得到一把心爱的雨伞，晴天盼、_____ _____,最后终于穿上新雨衣
	交流平台	本单元"围绕中心意思写"，教给我们两个方法:一个如《夏天里的成长》，是从几个方面写，一个如《盼》，用几件事写出盼的心切

续　表

表达方法	单元编排	主要内容
围绕中心意思写	初试身手	两个训练： (1)依据给出的中心和材料,先判断、再选择,明确选择方法; (2)选择一个中心,自己想材料
	《爸爸的计划》	围绕"爸爸爱订计划"用_____来写
	《小站》	围绕小站的"小"从_____来写
	习作	通过学习,学会立意—选材—构思—写作的方法

2.着重阅读精读课文和习作例文。

思考：这四篇文章一学一练，从写法上你能划分出来吗？连线并说说理由。

《夏天里的成长》　　　　　《爸爸的计划》

《盼》　　　　　　　　《小站》

三、深读解疑

预读时，很多同学提出了自己的疑问，现在就来交流一下，会的直接回答，不会的在书上做好标记。

任务一：多个面表一点

第一段　预读：一心多意

一、粗读，知文大意

1.大声朗读课文，画出读不准的生字，然后反复读，直到读准字音。

2.用自己的话说说，从题目《夏天里的成长》中，你能得到哪些信息？

3.用自己的话说说课文的主要内容。（可以用中心句概括）

_____

二、细读，品文内容

1.请你细读课文的每个自然段，思考：每个自然段写了哪些事物的成长？画出表现他们"长"的句子。

2.细读第二自然段，填表格。

生物	时间	怎样长
瓜藤	一天	长出一寸
竹子、高粱	一夜	
苞蕾		
	几天	
	几天	
		有了妈妈的一半大

这两个内容体现了植物"飞快的长"

这几句体现了植物、动物"_____的长"

3.细读第三自然段，你能用"因为……所以……"这组关联词说一说山、河、大地的长吗？

因为____所以山在长，因为____所以河在长，因为____所以大地在长。

三、对比读，悟文表达

1.《夏天里的成长》围绕中心句，写了____、____、____这几个方面的成长。

2.阅读《忙碌的早晨》，思考：

文章围绕着"忙碌的早晨"，是从早晨的_____

_____几个地方的忙，表现了早晨的"忙碌"。

3.用一句话总结一下，两篇文章在表达上的一个共同点：

两篇文章都是围绕中心意思，从_____写的。

第二段　研读：意重意浓

学习目标

1. 自学掌握本课的生字，理解新词。

2. 学习理解围绕中心意思多角度多方面地写，并感受这样写的好处。

3. 通过前面的学习和联系生活实际，理解最后一句话的意思，懂得"人一定要珍惜时间，用力成长"的道理。

学习重难点

1. 学习理解围绕中心意思多角度多方面的写，并感受这样写的好处。

2. 通过前面的学习和联系生活实际，理解最后一句话的意思，懂得"人一定要珍惜时间，用力成长"的道理。

学习过程

一、播放视频，情景导入

播放幼苗生长的视频，指名说这是什么季节？小幼苗长得怎么样？在夏天里还有哪些事物在成长？

二、抓住中心，梳理全文

1. 浏览课文，思考文章主要写了什么？哪一句话能概括课文的意思？（出示中心句）它的作用是什么？

2. 默读课文，思考：文章围绕中心句写了哪些事物的生长？完成下面的结构图。

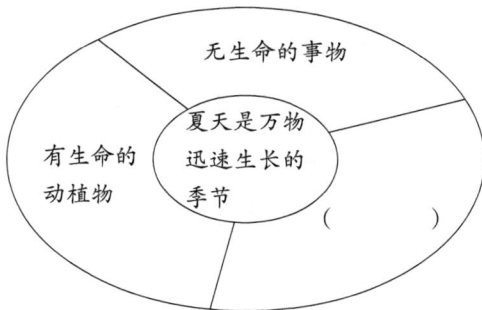

三、细读品析，感悟成长

1.领学第二自然段，感受动植物的成长。

（1）浏览第二自然段，画出本段的中心句。

理解"飞快的长""跳跃的长""活生生的看得见的长"分别是从哪几个角度写生长的？

（2）围绕这句话：细读本段—画出动植物—圈出表现生长的词语—总结生长速度，完成表格。

生物	时间	怎样长
瓜藤	一天	长出一寸
竹子、高粱	一夜	
苞蕾		
	几天	
	几天	
		有了妈妈的一半大

这两个内容体现了植物"飞快的长"

这几句体现了植物、动物"＿＿＿的长"

（3）大胆想象，除了以上动植物在长，还有哪些动植物在长？（选一句填一填）

你到石榴树下看石榴花，＿＿＿＿＿＿＿＿＿＿。

奶奶家的麦田里的麦子，＿＿＿＿＿＿＿＿＿＿。

（4）学了本段你感受到了什么？请你带着自己的感受读出动植物生长之快，变化之大！

2.自学第三、四自然段，感受无生命的事物和人的成长。

（1）有生命的动植物在长，没有生命的事物也在长，还有人也在长。请用学习第二自然段的方法，自学第三、四自然段。

细读文本—画出列举事物—圈出表现生长的词句—总结生长速度。

（2）学生自学，小组合作交流。

（3）全班汇报：

第三自然段中，无生命的事物是怎么长的？请用关联词"因为……所以……"说一说。

第四自然段中，只是孩子们在长吗？凭借你的生活经验，举个例子说说还有谁在长？

（4）想想你的体会，并说出来。

四、悟读明理，懂得惜时

1.最后一段引用了许多俗语和谚语，请你选择一句并解释一下。从这些引用中你感悟到了什么？作者这样写的目的是什么？表示惜时的名言警句还有哪些？

2.你还知道哪些谚语或者俗语？作文中引用这些有什么好处？

五、对比阅读，提炼方法

1.总结本文表达方法。本文作者是怎么写"夏天是万物迅速生长的季节"的？

围绕中心句，分别从有生命的动植物、没生命的事物、人三个方面来写夏天万物都在生长。这种方法就是围绕一个中心意思从几个方面来写。

2.自读《忙碌的早晨》，完成图表，思考写法。

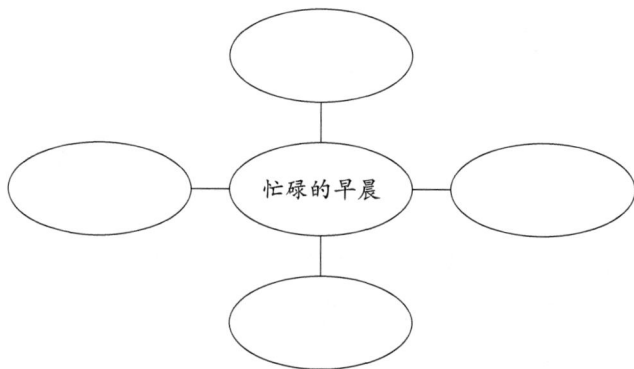

3.对比阅读，深化认知。

《夏天的成长》和《忙碌的早晨》两篇文章在表达上有什么相同之处？

第三段　延读：拼"意"大赛

学习目标

1.回顾学习方法，尝试迁移运用，进而内化成自身能力。

2.对比阅读，深入掌握围绕中心意思表达的方法——从几个方面表达。

3.游戏激趣，初步练习围绕中心选材。

学习重难点

1.对比阅读，深入掌握围绕中心意思表达的方法——从几个方面表达。

2.游戏激趣，初步练习围绕中心选材。

学习过程

一、从读中体悟

1.读中复习。

回顾《夏天里的成长》中学习每个自然段的方法：

细读文本—画出列举事物—圈出表现生长的语句—总结生长速度。

2.运用描写方法自学《像夏天一样成长》（节选）和《小站》。

3.小组交流后，全班交流。

二、从读到写

学习阅读《夏天里的成长》《忙碌的早晨》《像夏天一样成长》（节选）和《小站》四篇文章，它们在表达上有两个共同的特点：

1.围绕一个中心。

《夏天里的成长》——夏天是万物迅速成长的季节。

《忙碌的早晨》——忙碌的早晨。

《像夏天一样成长》（节选）——？

《小站》——？

2.围绕一个中心，从几个方面来表达。

《夏天里的成长》——动植物、无生命的事物、人。

《忙碌的早晨》——？

《像夏天一样成长》（节选）——？

《小站》——？

这样的表达方式你学会了吗？

三、以写促读

1.如果你要写这个中心，你准备从哪几个方面来表达？

_____

2.再读相关的文章，积累素材。

推荐阅读《闲不住的奶奶》《爱唠叨的老妈》《冬天里的雪》《淘气的小豆包》等。

任务二：多件事述一点

第一段　预读：众里寻"你"（中心点）

一、粗读，读准读通

1.大声朗读课文三遍，边读边品味字里行间的意思和流露出的人物情感。

2.读准字音，把不认识的字注上音；读通句子，学会停顿。

3.请给加粗的字注音：

　　（　）　（　）（　）　　（　）（　）　　　　（　）

蒜　薹　　玛　瑙　　斗　篷　　瞟　着　　嘟　囔

二、细读，了解内容

1.请你想一想。

（1）妈妈给小作者买了一件什么样的雨衣？

（2）文章围绕"盼"写了几件事？

（3）请你用自己的话概括课文的主要内容。

2.请你画一画。

在文中画出小作者"盼"的语句，在旁边写出自己的理解。

三、对比读，感知表达

1.默读《盼》《爸爸的花儿落了》《爸爸的计划》，概括文章大意（标在文章上）。

2.思考：两篇文章分别围绕中心列举了哪几个具体的事例？

第二段　研读：线牵所有

学习目标

1.找出心理描写的地方，体会心理描写的作用。

2.能清楚课文是通过许多具体事例来围绕中心意思——盼写的。

学习重难点

1.找出心理描写的地方，体会心理描写的作用。

2.能清楚课文是通过许多具体事例来围绕中心意思——盼写的。

学习过程

一、谜语导入，释题质疑

1.猜谜语，导出"盼"。

首先考考你们的分析判断能力，我们来猜个谜语。

出示：

> 眼睛在左一直看，心思在右分秒念。
>
> 时时想，刻刻恋，每分每秒心挂牵。
>
> （打一个字）

2.这个"盼"字跟哪个字有关？

它是人的一种心理活动，也是今天我们要学习的文章的题目，我们一起把这个字写在黑板上。

板书课题：盼。

二、初读感知，检测明意

1.同学们课前都预习了课文，考考你们预习得怎么样？

（1）检查字词，顺势解释"斗篷"。出示"斗篷式的雨衣"，学生齐读两遍。

（2）说说课文的主要内容，教授预读方法。

2.就题目你能提出什么问题？

出示大家可能提出的重点问题。

变换问题，连成一句话：

为什么盼？——因为作者得到一件新雨衣，于是天天盼下雨，并写了她是怎么盼的，结果终于穿上了雨衣。

三、研读品文，领悟得法

解决了字词，了解了大意，一起走进文字里，去聆听作者内心的声音。

1.浏览课文，作者得到了一件什么样的雨衣？

引导学生抓住"竟然"一词，感受雨衣的不同，并用一个词形容这是一件什么样的雨衣？这样的雨衣作者怎么能不喜欢呢，能读出她的喜爱吗？

2.出示研读要求：默读课文，边读边品边批注。

作者是怎样盼下雨的？

自读自画，小组交流，指名汇报，随机板书。

（1）晴天盼下雨。

"安安静静"反复出现，写出了作者的无奈。

出示第一句：

我的雨衣一直安安静静地躺在盒子里，盒子一直安安静静地躺在衣柜里。

读出作者的无奈。

出示第二句：

每天在放学的路上我都这样想：太阳把天烤得这样干，还能长云彩吗？

作者望着，想着，盼着。

引导：第一天走在放学的路上我看看天空心里想——

　　　第二天走在放学的路上我看看天空心里想——

　　　第三天走在放学的路上我看看天空心里想——

问学生感受到了什么？看课文，读出来。

小女孩真的是喜欢下雨吗？（出示原文）

促进理解：和原文对比，你感受到了什么？

总结并板书：晴天盼下雨。

（2）下雨未穿成。

分分盼，心心念，一天一天地过去，雨没有影子。突然，一天在放学路上，啊，风起了，云聚了，下雨啦，她穿上雨衣了吗？

出示对话，运用删减对比法，品出细节描写的意图，感受作者的渴望和期盼。（比较第一个句子）

（3）终于穿上雨衣。

这是怎样的一种盼啊，当渴盼之心几近绝望，但就在上学之时，雨又下起来了，终于如愿以偿啦！文中哪句话能充分表现作者此时的心情？

"好像雨点儿都特别爱往我的雨衣上落。它们在我的头顶和肩膀上起劲地跳跃：滴答，滴答滴答……"

从作者对小雨点的描写中你感受到了什么？文中还有几处这样的描写。（出示）

你从中体会到作者的什么心情？这是什么描写——环境描写，这就是一切景语皆情语。

板书：情景交融。

大家平时一定也用过这样的描写，今天想不想再试试，让景物替你说话。接着往下写：

路旁的小杨树……墙边的小草……马路上的小水流……

四、总结提升

小作者盼呀，盼呀，终于如愿以偿地穿上了心爱的雨衣，花草小树都为之动容了。为什么小作者的盼能打动这么多人，那是因为她紧紧围绕一个盼，用几件具体的事表现出她的盼之烈，心之切，这样就织出了一张网，网住了人们的心，网住了人们的情。

五、对比阅读

1.自读《爸爸的花儿落了》，你体会到了作者什么心理，她是怎么表现这一心理的？

2.自读《爸爸的计划》，从哪几件事可以看出爸爸是个什么样的人？借助下图理解。

3.比较总结，两篇文章都是围绕一个中心，用几个具体的事例来写，扣人心弦。

第三段　延读：比、选、用

学习目标

1.拓展延伸，深入掌握围绕一个中心，用几个具体事例写的方法。

2.梳理方法，学习根据题目内容，灵活运用方法，选择合适的内容。

学习过程

一、复习回顾，整理方法

1.自由复习《盼》《爸爸的花儿落了》，阅读《童年的笨事》（节选），完成表格。

文章	中心意思	具体事例	表达情感
《盼》	盼望穿雨衣	(1)得到新雨衣； (2)＿＿＿＿＿＿； (3)＿＿＿＿＿＿； (4)＿＿＿＿＿＿	
《爸爸的花儿落了》	爸爸的花儿落了	(1)去医院看爸爸； (2)＿＿＿＿＿＿； (3)＿＿＿＿＿＿； (4)＿＿＿＿＿＿	
《童年的笨事》 （节选）			
《爸爸的计划》			

2.小结。

从两篇文章中可以看出，写作方法是什么？——围绕一个中心，用几个具体事例来写。

二、交流平台，梳理方法

1.自由复习《夏天里的成长》《忙碌的早晨》，完成表格。

文章	中心意思	多个方面多个角度	表达情感
《夏天里的成长》	夏天是万物迅速成长的季节		
《忙碌的早晨》	忙碌的早晨		

2.小结。

这两篇文章的表达方法是什么？——围绕一个中心，从几个方面来写。围绕一个中心意思来写，可以怎么写？

围绕中心意思 { 从几个方面、几个角度写
用几个具体事例写

三、牛刀小试，学会选材

1.聚焦主题，抓关键词，选材料。

下面是一位同学围绕《戏迷爷爷》这个题目选的材料。判断一下，哪些材料可以用来表达中心意思，在后面的括号里打"√"。

（1）跑了几十里地去看戏。（　　）

（2）常给我们讲故事。（　　）

（3）在爷爷的倡导下，街道组织了业余戏班子。（　　）

（4）干活时会哼上两句流行歌曲。（　　）

（5）边炒菜边做戏曲里的动作，把菜炒糊了。（　　）

（6）到文化馆拜师学艺。（　　）

（7）每天看书看到很晚。（　　）

（8）一看到戏曲表演就占着电视。（　　）

2.聚焦题目，定方向，说内容。

从下面的题目中选一两个，说说可以选择哪些事例或从哪些方面来写，哪里详写，哪里略写？

《好斗的公鸡》《忙碌的早晨》《闲不住的奶奶》《那些温暖的时光》

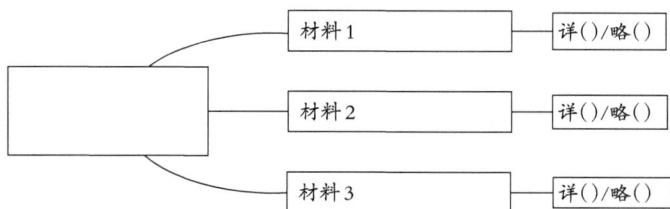

```
                  ┌──────────┐      ┌────────────┐
              ┌───┤  材料1    ├──────┤ 详（）/略（） │
              │   └──────────┘      └────────────┘
  ┌────────┐  │   ┌──────────┐      ┌────────────┐
  │        ├──┼───┤  材料2    ├──────┤ 详（）/略（） │
  └────────┘  │   └──────────┘      └────────────┘
              │   ┌──────────┐      ┌────────────┐
              └───┤  材料3    ├──────┤ 详（）/略（） │
                  └──────────┘      └────────────┘
```

任务三：展开表最亮点

第一段　预读：光芒万丈

一、粗读，回顾写法

默读《盼》《爸爸的花儿落了》《童年的笨事》（节选）和《爸爸的计

划》四篇文章，说说文章是怎样围绕中心意思写的？

二、细读，聚焦重点

1. 细读课文《盼》中下了雨妈妈不让作者穿雨衣的部分，画出作者的语言、动作和心理活动描写，体会作者盼望穿雨衣的急切心情。

2. 聚焦描写，品味情感。

"路上行人都加快了走路的速度，我却放慢了脚步。"

这是动作描写，也是对比描写，从这句话中你能体会到什么？

_____

"心想，雨点儿打在头上，才是世界上最美的事呢！"

这是_____描写，作者真的是喜欢雨点吗？为什么说是最美的事？

_____

"我又伸手试了试周围，手心里也落上了两点。我兴奋地仰起头，甩打着书包就大步跑进了楼门。"

这是_____描写，你从"兴奋""大步跑进"这些词中能体会到什么？

_____

请你再找出几句能表现作者急切心情的语句，谈谈自己的体会。

三、对比读，迁移拓展

自由读《爸爸的花儿落了》《童年的笨事》（节选）和《爸爸的计划》三篇文章，画出给你印象最深的地方，做批注，画出语言、动作、心理活动描写，写下你的体会。

第二段　研读：一点开花

学习目标

1. 以《盼》为例，深入体会作者是怎样通过细节描写、修辞手法等，把重点部分写详细，写具体的。

2. 迁移运用，体会作者把重点部分写具体的方法。

学习过程

一、品味片段，直接入题

同学们，是否还记得那个为了穿上新雨衣，朝思暮想、心心念念的可爱的小女孩吗？

出示《盼》中片段：

"果然，随着几声闷雷，头顶上真的落上了几个雨点儿。我又伸手试了试周围，手心里也落上了两点。我**兴奋地仰起头，甩打着书包就大步跑进了楼门。**

'妈妈！'我**嚷着奔进厨房**。"

思考：从加粗的词句中你能体会到什么？眼前浮现了什么样的场景？什么样的小女孩？

这就是语言的魅力，文中这部分通过精彩的描写，刻画出了一个无限盼望、渴望穿雨衣的小女孩形象。让我们走进这个部分，跟随作者的语言去感受"盼"。

二、聚焦要点，品味感悟

1.回顾《盼》，说说哪里给你留下的印象最深刻？为什么？

2.找句子——说体会——读体会——判断写法。

3.小结：要把情感表达得真挚感人，就可以通过细致而生动的描写。

三、拓展延伸，迁移内化

1.自读《爸爸的花儿落了》，哪件事或者哪个片段给你的印象最深刻，说说理由。（方法提示：找句子——说体会——读体会——判断写法）

2.全班交流。

3.以小组为单位自选一篇《童年的笨事》（节选）或者《爸爸的计划》，找到给你印象最深的部分，把理由批注在文章上，小组内交流。

四、总结提升，深化认知

怎样才能使文章给人留下深刻的印象，如何把感情传递给读者？

首先，确定自己要表达的中心思想，即感情基调。

其次，基于这份情感进行细节描写，细化人物的语言、动作、心理活动。

最后，生动的描写让情节富有画面感。

第三段　延读：能言善说

一、创设情境，聚焦心情

聚焦生活中印象最深的一个画面：拔河比赛时、老师表扬时、比赛获奖时、被人误会时……，细细回想当时的心情，可否用一个字或一个词表达出来。根据学生的汇报，把表示心情的词语写在黑板上。

二、回忆往事，吐露心声

以小组为单位畅所欲言。

1.回想当时事情的来龙去脉，先说说经过。

2.聚焦画面，详细说说当时怎么说的，怎么想的，神态如何？

3.让学生畅所欲言，说清楚情感的变化，表述要完整。

三、能言善说，方法提升

1.评选能言善说的资深达人，明确评价标准。

2.小组推荐，组长说推荐词。

3.对当选者给予嘉奖。

任务四：找亮点得意作

习作指导与讲评

一、那张吸引我的图片

借助游乐场的摩天轮、蜘蛛网的图片引入课题。（图略）

同学们，大家熟悉这两幅图吗？它们两个有什么共同点？一点定乾坤，围绕一点来展开，让那个点更"亮"了。

二、那个触动我的汉字

中国汉字博大精深，一字万情。出示甜、乐、泪、暖、悔、望等十二个汉字。这十二个字，每一个都像一扇窗，有的带给我们回忆，有的开启我们想象。请从中选择一个感触最深的字，也可以选其他的字，写下它背后的故事，和大家一起分享属于你的得"意"之作吧！请借助提示想一想。

我感受最深的字	
从不同角度看汉字 （有几个意思）	1.
	2.
	……
和这个字有关的故事	1.
	2.
	……

三、词语一字开花

借助导图理一理，由这个汉字想到的几件事或几方面。

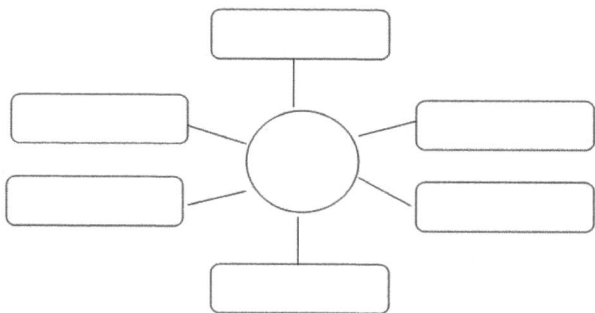

四、心情变化轨迹

把写作素材排序，梳理自己心情变化轨迹，分清主次，和同伴相互交流。

五、创写得"意"之作

自主习作，动笔抒写。

六、评选"亮点"佳作

1.推荐"亮点"佳作。

对照评价量表自主修改、相互评改，组内推选出1—2篇"亮点"佳作，并根据习作评价标准，用一句话为佳作撰写推荐理由。

评价标准	等次	评价
中心意思明确,表达流畅	☆ ☆ ☆	
从不同方面或用不同事例来表中心意思	☆ ☆ ☆	
详写部分给你留下深刻印象	☆ ☆ ☆	

2.晒晒我的得"意"之作。

通过班级展示栏、班级作文周报等多种途径，展示"我的得'意'之作"，并展示大家的推荐理由。

三、基于专项学习单元的"三段一体"整合阅读教学策略

在小学统编版语文十二册教材中，唯有六年级上册第八单元是围绕一个核心人物展开的，这个核心人物就是鲁迅。本单元的内容要么是鲁迅本人写的文章，要么是写鲁迅的文章，就连"语文园地"中的"日积月累"也是全部引用鲁迅的名言。所以本单元的人文主题非常明确，就是"走近鲁迅"。语文要素是"借助相关资料，理解课文主要内容"，这样的编排意在通过本单元的学习，使学生能初步认识和了解鲁迅，感受鲁迅这位"文学巨匠""民族精神旗帜"的高尚品格和伟大成就，同时借助与本单元内容密切相关的阅读资料《故乡》《野草》《一面》等，从多个角度、多个方面丰富学生认知，扩大积累，开阔视野，培养能力，为

以后初高中再次学习鲁迅的文章打下基础。

这样的编排更能体现单元的整体性、连续性、层次性和多元化，更适合开展大单元教学，其核心任务即可确定为"走近鲁迅"，可以借助、选取相关资料进行分析、重组、整合，进一步开发，可以设计"从鲁迅的文章识鲁迅""从亲人的角度知鲁迅""从友人的角度懂鲁迅""从多个资料悟鲁迅"几个子任务，充分发挥"三段一体"教学模式的作用，创设大情境，真正形成明确主题、目标、任务、情境、活动、评价等要素的多种课型。每个子任务都全面充分表达核心目标的一个维度，环环相扣，层层深入，精准落实目标的同时实现学生学科核心素养的培养。

课例：统编版六年级上册第八单元

教 材 分 析

本单元以"走近鲁迅"为主题，编排了《少年闰土》《好的故事》《我的伯父鲁迅先生》《有的人》四篇课文。其中前两篇是鲁迅的作品，后两篇略读课文是别人写鲁迅的。本单元主题鲜明，内容丰富，体裁多样，从不同的角度，运用不同的表现手法，展现了鲁迅的形象，让学生能够初步了解其文学成就，感知其性格特点，体会其精神境界。

具体理解如下：从鲁迅的文学作品中识鲁迅——《少年闰士》《好的故事》；从亲人的回忆中知鲁迅——《我的伯父鲁迅先生》；从歌颂鲁迅的文学作品中懂鲁迅——《有的人》。单元教学从不同视角为学生呈现了鲁迅的光辉形象，表现了鲁迅的性格特点及崇高的精神品质。四篇课文都是引导学生潜心研读，感受人物形象的极好范本，也是通过讲述事情写一个人来表达自己情感的写作手法。

本单元的语文要素是"借助相关资料，理解课文主要内容"。这一内容是对五年级上册"结合资料，体会课文表达的思想感情"这一方法的延续与推进。这样既可以培养学生查阅资料的能力，加深对课文内容的理解，也能扩大学生的视野；另外，查阅资料理解课文内容也是本单元学习的需要。鲁迅生活的年代离现在较远，当时的语言表达与现在也有很大差异，必须借助资料才能更好地、真切地理解课文。

《少年闰土》节选自鲁迅的短篇小说《故乡》。通过鲁迅的回忆，课文正面描写——闰土讲的几件事，侧面描写——鲁迅的感受，塑造了闰土这一鲜活的农村少年形象，既流露出作者对当时生活环境的不满，也展现了作者对丰富多彩农村生活的向往。

《好的故事》选自鲁迅的散文诗集《野草》。当时的鲁迅生活在北洋军阀统治下的北京，切身感受到社会的黑暗，就像处于异常"昏沉的夜"。鲁迅在梦境中看见了远方水乡的美丽风景，但这一风景刚出现即消逝，表现出他的怅惘和失望。而课文中对梦境里那个"好的故事"的描绘，则表现了鲁迅对美好生活的向往。本文主要采用对比的手法：开头和结尾都写"昏沉的夜"形成呼应，凸显作者当时的低沉和消极。中间描绘了美丽、幽雅、有趣的梦境，反映出他开朗的心境，这样前后内容与内容、情绪与情绪形成了对比，同时现实生活与美好梦境也形成对比，这种含蓄其中的对比发人深思，耐人寻味。

《我的伯父鲁迅先生》是周晔写的一篇纪念性的文章。作者以一个小孩子的口吻，通过回忆伯父鲁迅先生生前给自己留下深刻印象的几件事，表现出鲁迅先生的特点，流露了作者对伯父的怀念、热爱与敬仰之情，给人以朴实、真切之感。

《有的人》是臧克家为纪念鲁迅而写的一首诗。这首诗不仅表达了对鲁迅的怀念，而且通过对比，热情歌颂了鲁迅先生为人民无私奉献的可贵精神。

根据以上内容确定本单元的教学目标：

1.自学掌握本单元的生字、新词：会读二类字，会写一类字，能运用学过的方法理解词语。

2.读通读懂课文，能根据自己的理解做批注，写清楚自己的感受，借助相关资料，理解含义深刻的句子，深入理解课文内容。

3.通过拓展内容对比阅读和丰富的学习活动，体验学习，走进情境，深切感受人物的形象。

4.在自主、合作、探究的学习过程中，领悟表达，提升综合素养。

单 元 情 境 与 任 务

情境创设

鲁迅先生是民族的脊梁，阅读他的生平资料，铭记他的"金句"；听他讲自己的故事；认识他的童年伙伴；探寻他美好的梦；召开一场见面会，约见心目中的鲁迅，感受他光辉的人格和不朽的精神，让他永远活在我们心中。

任务框架

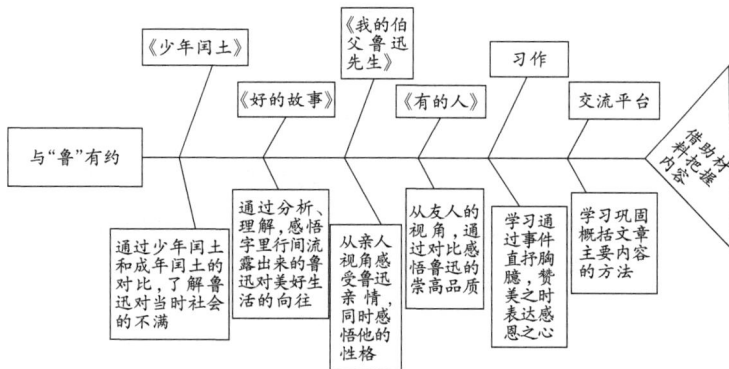

单元任务设计

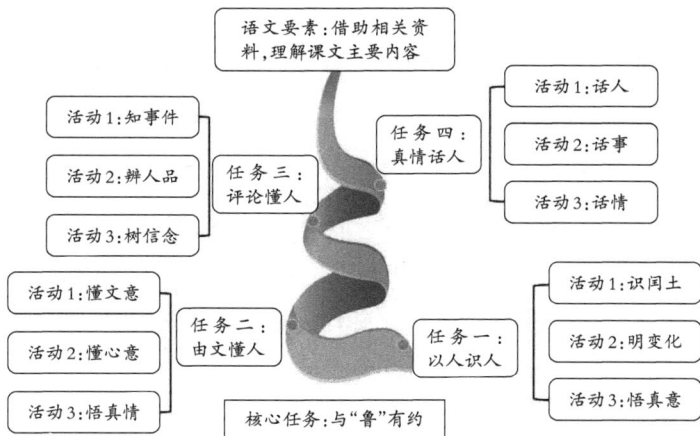

语文要素:借助相关资料,理解课文主要内容

活动1:知事件
活动2:辨人品
活动3:树信念

任务三:评论懂人

活动1:话人
活动2:话事
活动3:话情

任务四:真情话人

活动1:懂文意
活动2:懂心意
活动3:悟真情

任务二:由文懂人

任务一:以人识人

活动1:识闰土
活动2:明变化
活动3:悟真意

核心任务:与"鲁"有约

单元导读学案

学习目标

1.借助单元导读页,了解本单元的主题、语文要素。

2.通读整个单元内容,借助预习单理清单元内容框架。

3.自主学习,识记单元生字,理解生词。

4.读通课文,用自己的话概括课文主要内容。

教师引导:同学们,时间辗转,不知不觉我们的课文学习已进入尾声。本单元是本册书的最后一个单元,我们要通过鲁迅先生写的文章和写鲁迅先生的文章来认识了不起的他——以笔为武器战斗了一生,是中国文化革命的主将,被誉为"民族魂"。

一、粗读,为单元搭框架

1.浏览单元导读页,请你概括。

单元主题:_____

语文要素:_____

2.通读单元内容，了解写作意图。

_____

二、细读，扫除字词障碍

通读本单元的课文，画出读不准的字，不理解的词语。

1.我会读。

郑　拜　租　厨　毡　羞　撒　缚　猹　伶俐　窜　陆

搁　综　澄　萍　藻　漾　焰　削　瞬　凝　　骤　掷

2.我会理解。

囫囵吞枣　一望无际　瘦削　瞬间　骤然　错综　郑重

昏沉　陆然　伶俐

3.我会写。

拜　缚　羞　瞬　骤

4.我能读。

（1）啊！闰土的心里有无穷无尽的希奇的事，都是我往常的朋友所不知道的。（《少年闰土》）

（2）我那时并不知道这所谓猹的是怎么一件东西——便是现在也没有知道——只是无端地觉得状如小狗而很凶猛。（《少年闰土》）

（3）边缘都参差如夏云头，镶着日光，发出水银色焰。（《好的故事》）

（4）我正要凝视他们时，骤然一惊，睁开眼，云锦也已皱蹙，凌乱，仿佛有谁掷一块大石下河水中，水波陆然起立，将整篇的影子撕成片片了。我无意识地赶忙捏住几乎坠地的《初学记》，眼前还剩着几点虹霓色的碎影。（《好的故事》）

三、对比读，概括主要内容

请你根据自己的理解，运用学过的方法，概括课文的主要内容。

1.《少年闰土》的主要内容：_____。

《好的故事》的主要内容：_____。

《我的伯父鲁迅先生》的主要内容：_____。

《有的人》的主要内容：_____。

2.对比几个文章题目，联系主要内容，你能否直接根据文章题目概括课文内容？文章题目与文章内容有什么关系？请写写你的发现。

_____

3.牛刀小试，联系下面的题目，你能说说文章的主要内容吗？

第一组：《狼牙山五壮士》　　　军神

第二组：《开国大典》　　　　　草船借箭

第三组：《竹节人》　　　　　　芦花鞋

单元导读课设计

一、名言导入

有一个人，他的文章代代相传，他的经典语句口口相诵。

名句：

（1）无情未必真豪杰，怜子如何不丈夫。

（2）其实地上本没有路，走的人多了，也便成了路。

（3）唯有民魂是值得宝贵的，唯有他发扬起来，中国才有真进步。

你能理解哪一句，试着理解。这些句子写得好，作者更是了不起，他是谁？

二、闯关检测

1.我会读。

郑　拜　租　厨　毡　羞　撒　缚　猬　伶俐　窜　陡

搁　综　澄　萍　藻　漾　焰　削　瞬　凝　骤　掷

2.我会理解。

囫囵吞枣　一望无际　瘦削　瞬间　骤然　错综　郑重

昏沉　陡然　伶俐

3.我会写。

拜　缚　羞　瞬　骤

4.我能读。

（1）啊！闰土的心里有无穷无尽的希奇的事，都是我往常的朋友所不知道的。（《少年闰土》）

（2）我那时并不知道这所谓猹的是怎么一件东西——便是现在也没有知道——只是无端地觉得状如小狗而很凶猛。（《少年闰土》）

（3）边缘都参差如夏云头，镶着日光，发出水银色焰。（《好的故事》）

（4）我正要凝视他们时，骤然一惊，睁开眼，云锦也已皱蹙，凌乱，仿佛有谁掷一块大石下河水中，水波陡然起立，将整篇的影子撕成片片了。我无意识地赶忙捏住几乎坠地的《初学记》，眼前还剩着几点虹霓色的碎影。（《好的故事》）

三、细读知意

1.比较四篇文章的题目，你从每个题目中分别获得了什么信息？大胆猜想，作者会围绕这个题目写什么内容？依据题目概括文章的主要内容。

_____

2.默读课文，边读边思考课文主要写了什么，试着用自己的话概括出来。

_____

3.联系开始猜测的内容，在题目和主要内容的对比中你有什么发现？

_____

4.请你根据题目概括文章的主要内容，并说说方法和思路。

第一组：《狼牙山五壮士》　　　军神

第二组：《开国大典》　　　草船借箭

第三组：《竹节人》　　　芦花鞋

四、质疑解疑

针对本单元的内容、字词，你有什么疑惑？请同学们大胆质疑。（能解答的随机处理，不能解答的引导学生梳理问题）

可以理解："素不知道、日里、如许"，初步感知白话文和文言文的差异;"检"——现在的"捡","希奇"——现在的"稀奇"……

五、拓展延伸

你还知道哪些关于鲁迅的名言、所写的文章,或者人们对他的评价,跟大家交流。

任务一：以人识人

学习目标

1.图文对照,初步感知闰土的样子。

2.通过闰土讲的几件事,体会闰土在作者心目中的形象。

3.借助资料,对比少年闰土与成年闰土的形象,感悟作者的内心世界,初步走进鲁迅的精神世界。

谈话导入:同学们,一张张照片凝固了我们生活中的一个个瞬间,在你的脑海里有没有一个刻骨铭心、时时浮现的场景?请你用一两句话描述出来。

我知道有这样一个场景深刻在了每一个上过小学的人的脑海里——出示课文插图。(老师深情朗诵课文第一自然段)

这个勇敢机智的小男孩家喻户晓,他是谁?他就是我们今天的主人公——少年闰土。从题目你能获得哪些信息?想知道什么?

第一段　预读：识闰土

一、请为小闰土画像

1.默读课文,同桌合作:一人描述闰土的样子,一人画简笔画。选择一组到黑板前合作画像。

2.请同学参照简笔画给大家介绍闰土的样子,并说说给你留下的第一印象。

二、讲故事悟形象

1.自由读课文，看看闰土给作者讲了哪几个故事，并给每个故事加个小标题。

2.选择你最感兴趣的一个故事在小组里讲一讲，边讲边想。你感受到了一个怎样的闰土？

合作完成：

事件　□　□　□　□

少年闰土　————————————→　作者满心的羡慕

性格　□　□　□　□

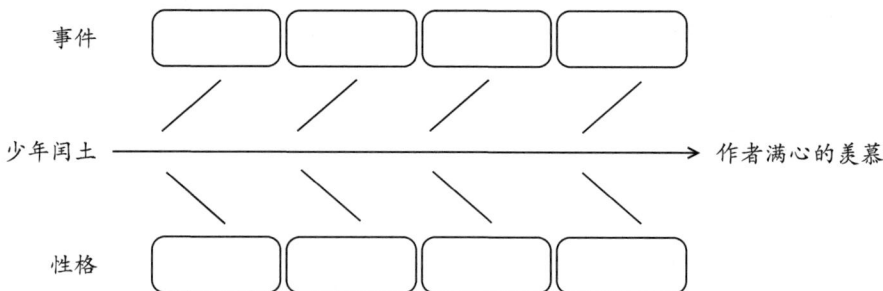

3.借助资料理解关键句，体会作者的内心世界。

出示"他们不知道一些事，闰土在海边时，他们都和我一样，只看见院子里高墙上的四角的天空"。

借助你搜集的资料理解这个句子，并说说鲁迅所代表的"富家少爷"的生活和人们的思想。

4.代笔抒情，升华情感。

身为小少爷的鲁迅结识了闰土这样一个见多识广、机智勇敢的小伙伴，他不由得写下这样一段话：

"认识了闰土，真好。＿＿＿＿＿＿＿＿＿＿＿＿＿＿＿

＿＿＿＿＿＿＿＿＿＿＿＿＿＿＿＿＿＿＿＿＿。"

请你代替小鲁迅把上面这段话写完。

第二段　研读：明变化

一、读《故乡》片段，认识成年闰土

1.读《故乡》中描写成年闰土的片段，请你用语言勾勒成年闰土的样子。

2.品味成年闰土的言谈举止，试着表演，并感受此时闰土的性格特点。

二、完成表格，明确变化

特征	少年闰土	成年闰土
外貌		
性格		

第三段　延读：悟真意

1.思考：小说，是一种以刻画人物形象为中心，通过完整的故事情节和环境描写来反映社会生活的文学体裁。《故乡》是鲁迅先生写的一部短篇小说，小说中塑造了闰土这样一个人物形象，鲁迅先生想要反映什么呢？

2.交流搜集到的资料，了解当时的社会背景、人们的旧思想，以及旧社会人与人之间的差异。

3.探究：小组交流，联系当时的背景，对比少年闰土与成年闰土的区别，讨论鲁迅先生究竟想表达什么思想。

4.学生分组讨论，然后汇报交流。

课堂小结：少年的闰土聪明伶俐，成年的闰土麻木不仁，罪魁祸首就是黑暗的社会。然而闰土这一形象只是千百万旧中国农民中的一个，这反映出当时社会上像闰土一样麻木生活的人比比皆是。中国若都是这样的人怎能不让人担忧呢，我们的祖国何时才能进步啊……我们不同于闰土没有改变命运的机会，我们生活在一个这么好的时代，只要肯付出就一定有不一样的精彩人生。

5.小练笔：有闰土，真好。

任务二：由文懂人

第一段　预读：懂文意

1.审题，学会质疑。

读题目你能获得什么信息？想知道什么？

_____

根据学生的质疑，梳理：好的故事是什么样的故事？好在哪里？作者只是单单要写这个故事吗？心意何在？

2.带着以上问题自读课文。

大处着眼：文中有一个句子概括地写出了"好的故事"就是指什么？（好的人和好的事）请你用三个词概括"好的人和好的事"。（美丽、幽雅、有趣）那我们就一起走进这美丽、幽雅而有趣的人和事。

小处入手：画出你认为美丽、幽雅、有趣的地方，反复品读，想象画面，用自己的话描绘出来。你觉得哪里最美？（以学定教，随着学生的选择从第五、六、七自然段中选择一段学习）

3.预设1：学习第五自然段。

请用不同的符号画出本段中的事物以及他们之间发生了什么变化？

（1）品事物。

乌桕树，借助图片形容样子；新禾，想想那样的绿色；野花，你都见过什么颜色、形状的；鸡在做什么，狗又在干什么；丛树和枯树，你看到了什么；茅屋，感受到什么；你眼前出现了什么样的塔和伽蓝；农夫、村妇、村女，晒着的衣裳，和尚，蓑笠，天上有什么，云是什么样子的；竹子怎么样……展开想象，在脑海里勾画出这幅画卷，这不是一幅普通的画，这是一个长长的、美美的、五颜六色、景物丰富的画卷啊！请你用一个词形容它。（美丽、幽雅、有趣）

不仅如此，它们还在发生着变化。你看那澄清的河水，那闪烁的日光，那浮萍游鱼荡漾开去，其他事物也随之发生了变化。其他事物发生了怎样的变化？你从哪个词语感受到了什么？用一个词语形容这个画面。（美丽、幽雅、有趣）

（2）读文章，感受画面。

（3）说学法：总结学习本段的方法。

找描写的景物——想象样子——感受变化——体会美丽、幽雅、有趣。

4.请你运用上面学习的方法自学第六、七自然段，感受好的人和好的事的美丽、幽雅、有趣。

第六自然段：抓住"织、永是生动、永是展开"，感受画面变大、颜色变深、景物变多、相互融合等不断变化的美丽、幽雅、有趣。

第七自然段：运用品味字词+想象画面的方式，放手让学生说变化，感受其美丽、幽雅、有趣。

这里预设了学生选择第五自然段，放手让学生自学第六、七自然段。如果学生选择第七自然段，老师帮助学生分析理解第七自然段，然后放手让学生自学第六、七自然段，方法不变。

第二段　研读：懂心意

一、故事是梦

1.作者所看到的好的人继而好的事让我们充分感受到了它的美丽、幽雅、有趣，然而这个故事实则是什么？——一场梦。

同学们从哪能看出这是一场梦？找到相关语句，并在文中画出来。

2.思考：这是一个怎样的梦？

二、故事是希望

1.文章开头和结尾，作者反复强调"昏暗的灯""昏沉的夜"，目的何在？

同学们可借助搜集到的作者写此文时的社会背景来回答。

2.合作探究：这个梦实则是鲁迅的什么？鲁迅的希望又是什么？

3.汇报展示：小组选代表交流收获，谈谈看法，相互补充。

第三段　延读：悟真情

学生分小组，以鲁迅的身份，制作一张心愿卡，并负责给大家解释说明：心愿是什么，为什么有这个心愿。

任务三：评论懂人

第一段　预读：知事件

学习《我的伯父鲁迅先生》。

一、知文意

1.自读课文。

先自己思考，再小组内交流：了解文章写了鲁迅的几件事，请给每一件事加上一个小标题。

2.全班交流。

每个小组选派代表在全班交流汇报。

二、明关系

借助资料，了解作者和鲁迅的关系。

三、品词句

1.哪件事给你的印象最深？从哪些字词句中体会到了什么？

2.朗读并感受鲁迅作为长者的和蔼语气、深情变化、细致行为。

四、悟人品

1.小组交流：各抒己见，总结从以上的描写中你感受到了鲁迅是个怎样的人，有哪些品质。

2.全班汇报，梳理总结。

五、总结方法

1.方法：知文意——明关系——品词句——悟人品。

2.用同样的方法自学《一面》《有的人》。

第二段　研读：辨人品

1.根据上面的三篇文章完成下面的思维导图：

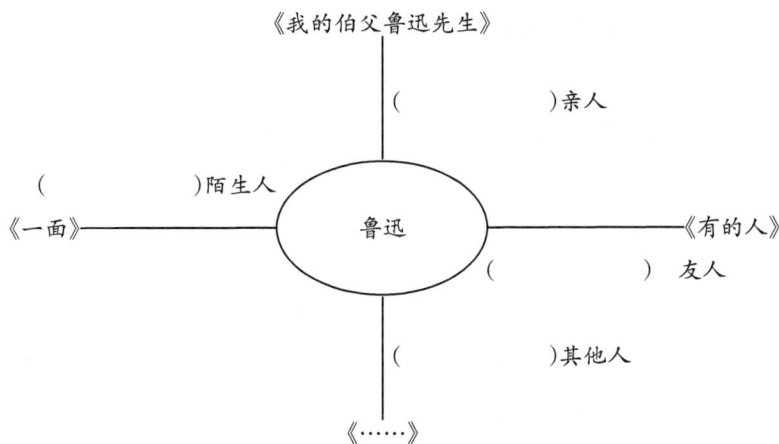

《我的伯父鲁迅先生》

（　　　　　）亲人

（　　　　　）陌生人

《一面》

鲁迅

《有的人》

（　　　　　）　友人

（　　　　　）其他人

《……》

2.全班汇报交流，完善表格。（略）

第三段　延读：树信念

一、准备阶段

1.请你们再讲一讲鲁迅的故事，为鲁迅写一段颁奖词——《中华民族有你，真好》。

2.请你们从做一份手抄报、给他写一封信、制作名言名录等几种形式中选择一种，借助资料，做好准备。

二、见面会

1.今天有幸将"鲁迅"请到我们班级，让我们对他说说心里话吧，展示自己准备的内容。

2.小练笔：有鲁迅这样的伯父，真好。

任务四： 真情话人

第一段　研读：真情实话

不吐不快：任选其一，写一写。

话人：请你写一个短篇的鲁迅传记，突出人物的性格特点、人物品质。

话事：请你选择听过或者读过的有关鲁迅先生的一件事，写清过程，表现出人物品质。

话情：请你以读后感的形式，写写你心目中的鲁迅先生。

第二段　延读：载入书册

师生合作：将文章分类：话人——传记类，话事——写事类，话情——感悟类，合作设计封面、封底、目录等内容，并加入花边、插图装饰自己的文章，装订成一本集册。

本单元主题鲜明，内容紧紧围绕一个中心目标展开，而且拓展资料与课文紧密相关，学生可以以课文为基础，初步了解鲁迅先生，再借助资料从多个角度、多个方面全面深入地了解鲁迅这一人物的伟大精神和卓越成就。

在学习《少年闰土》时，教师节选《故乡》中与成年闰土见面部分，引导学生对比着读。当学生沉浸在对见多识广、知识丰富、活泼可爱的闰土的无限羡慕、崇拜中时，当看到成年后闰土的麻木、呆板和拘谨时，他们的心灵受到了撞击，便会思考是什么改变了闰土，是什么摧残了闰土？在学习《好的故事》后，教师让学生课后阅读《野草》，虽然学生可能一知半解，有很多读不懂的地方，但通过前面的学习，也能大概了解当时社会的黑暗，鲁迅先生对现实生活的不满和厌恶。接下来在学习

《我的伯父鲁迅先生》《有的人》时，课堂上教师让学生自由阅读《一面》，有目的地、循序渐进地引入学习资料，在扶放之间让学生学会借助资料理解课文，了解人物的写作方法——联系原文、出处、类文，在学文后多读、对比着读等。

这样的大单元"三段一体"教学模式设计，不仅如剥笋般层层深入地落实了语文要素，还恰到好处地选择、重组了本单元的内容，使语文教学有效，事半功倍。在子任务一的第三个阶段，设计"有闰土，真好"的小练笔，这是第一次落实本单元的习作。通过小试牛刀，学生既巩固了认知，又初步训练了习作。在子任务三的第三个阶段，设计"有鲁迅这样的伯父，真好"的小练笔，第二次落实单元习作。学生在习作中不仅重构了鲁迅的人物形象，还深入亲人这一角色，再次审视鲁迅可爱、可敬的特点。这两次写作尝试为单元习作打下了基础，做好了充分的铺垫。

第二节 "三段一体"整合阅读教学在单篇课文中的实施

一、形形色色的人——写人的文章

写人的文章在小学教材中占有很大的比重。那么对于这一类的文章要怎么开展教学呢？

第一，深入理解人物形象。在了解文章大意后，引导学生通过阅读课文，品味细节，借助人物所处的时代背景和社会环境资料、情景模拟与角色扮演等，深入理解人物的形象特点和性格特征。

第二，学习人物描写方法。学习课文中的人物描写方法，如外貌描写、语言描写、动作描写、心理描写等，通过仿写、迁移等方式学会识别和运用这些方法。

第三，走进人物情感世界。引导学生走进人物的情感世界，理解人物的思想和情怀，引发学生的情感共鸣，培养学生正确的价值观。

第四，拓展阅读迁移运用。推荐一些与课文主题或语文要素相关的写人文章或书籍，大量阅读，丰富阅读经验、积累语言、沉淀方法。

课例：《刷子李》教学设计

第一段 预读学案设计

一、粗读

1.大声朗读两遍课文。用笔画出不认识、读不准的字，不理解的词。反复读准字音，联系上下文理解词语，也可以通过查字典理解词语。

（1）读准字音：

蘸浆　有诈　发怔　露馅　师傅　包袱

（2）写对生字：

fā shǎ	píng zhàng	niē zhù	zhī ma
（　　）	（　　　）	（　　）	（　　）

2.用自己的话说说刷子李有什么特点，如果能用一个字或者一个词概括出来更好。

_____

二、细读

1.刷子李刷墙的技艺怎么样？画出他刷墙时的动作描写，你从哪些字、词中能体会到什么，把自己的理解和感受批注在旁边。

2.画出曹小三心理变化的句子，揣摩曹小三的心理活动，试着写在旁边。

半信半疑——（　　　　　）——（　　　　　）——心服口服。

三、对比读

1.读《快手刘》，完成文后练习。

快手刘

①快手刘是个摆地摆摊卖糖的胖大汉子。他有个随身背着的漆成绿色的小木箱，在哪儿摆摊就把木箱放在哪儿。箱上架一条满是洞眼的横木板，洞眼插着一排排廉价而赤黄的棒糖。他变戏法是为了吸引孩子们来买糖，戏法十分简单，俗称"小碗扣球"。一块绢子似的黄布铺在地上，两只白瓷小茶碗，四个滴溜溜的大红玻璃球儿，就这再普通不过的三样道具，却叫他变得神出鬼没。他两只手各拿一只茶碗，你明明看见每只碗下边扣着两只红球儿，你连眼皮都没眨动一下，嘿！四个球儿竟然全都跑到一只茶碗下边去了。

②有一次，我亲眼瞧见他手指飞快地一动，把一只球儿塞在碗下边扣住，便禁不住大叫："在右边那个碗底下哪，我看见了！"

③"你看见了？"快手刘明亮的大眼珠子朝我惊奇地一闪，跟着换了一种正经的语气对我说，"不会吧！你可得说准了。猜错就得买我的糖。"

④"行！我说准了！"我亲眼所见，所以一口咬定。

⑤谁知快手刘哈哈一笑，突然把右边的茶碗翻过来。"瞧吧，在哪儿呢？"

⑥咦，碗下边怎么什么也没有呢？难道球儿穿过黄布钻进左边那个碗下边去了？快手刘好像知道我怎么猜想，伸手又把左边的茶碗掀开，同样什么也没有！球儿都飞了，只见他将两只空碗对口合在一起，举在头顶上，口呼一声："来！"双手一摇，茶碗，里面居然哗哗响，打开碗一看，四个球儿居然又都出现在碗里边。怪，怪，怪！

⑦四边围看的人发出一阵惊讶不已的唏嘘之声。

……他的戏法，在我眼里真是无比神奇了。这人也是我童年真正钦佩的一个。

——冯骥才《俗世奇人》节选

（1）用"——"画出⑤—⑦自然段中对快手刘的描写，从中可知快手刘主要特点是_____。

（2）用"……"画出⑤—⑦自然段中对作者和群众的描写，对这些人的描写目的是_____。

2.试总结《刷子李》和《快手刘》两篇文章的共同点。

相同点有：_____。

第二段　研读教学设计

今天我将带领同学们认识著名作家冯骥才笔下的一位传奇人物，徜徉语言文字之中，感受人物技艺之奇，学习写人方法之妙。

一、导入新课

1.说说身边的人。

同学们，在你们的身边有没有一个善良贤惠的妈妈，有没有一个"武功高强"的爸爸，有没有一个调皮捣蛋的弟弟，有没有一个乖巧懂事的妹妹，有没有一个特别爱笑的同桌？我们身边有着许许多多性格迥异的人，作家的笔下也有着形形色色的人。

2.简单回顾课文中的人。

在第五单元的学习中，我们就认识了富有心计的小嘎子；对自己形象极其自信的骆驼祥子；爱财如命的严监生。这一单元可以说是经典人物大荟萃，为什么呢？因为这是一个人物习作单元。

3.复习单元导读。

单元主题是——？单元任务是——？简单说——学习基本方法，会用基本方法。上一节课我们学习了许多写人的方法，这节课我们来学习运用这些方法。

4.借助名片初识"刷子李"。

这节课我们来认识这样一个人，老师有一张他的名片：他的名字是？（刷子李）和你的名字一样吗？（出示解释）可见他的名字就很——奇。

那你见过粉刷匠么（出示图片），他还有一个规矩，这一规矩也是与众不同，对此人们的态度是（出示图片），他的小徒弟现在对他是心服口服，可见持这一态度也是经历了一个过程啊。那么刷子李的技艺究竟真的这么高超吗？曹小三都经历了什么？让我们一起走进课文。

二、初读课文，感知大意

请大家浏览课文。

1.读准字音。

我们先来读准下面的生字。

蘸浆　天衣无缝　屏障　露馅　一模一样

注意"缝"是多音字，既读"缝针"的"缝"，又读"门缝"的"缝"。大家出声读两遍。

2.归纳段意。

通过读课文，我们知道文中有两个人物，分别是——刷子李和他的徒弟曹小三，文章写了他们的什么事呢？

文章一方面写了刷子李的奇，另一个方面写曹小三从开始的半信半疑到最后的心服口服。我们把人物和事件连起来就是：文章主要写了刷子李的奇和曹小三从开始的半信半疑到最后心服口服的事。同学们像这样用"人物"加"事件"的方法。同学们归纳课文的主要内容。

三、细读课文，感受人物

1.感受刷子李的"奇"。

一起走进课文，看看刷子李刷墙的技术究竟"奇"在哪？

学生朗读课文。

文中直接描写了刷子李刷墙的镜头，请你找到。我们分别来看：

"刷子划过屋顶，立时匀匀实实一道白，白得透亮，白得清爽。"

这里有一个词语"匀匀实实"是什么意思？看字典中的解释。

"刷子划过屋顶，立时匀实一道白，白得透亮，白得清爽。"

那么换成"匀实"可不可以？"匀匀实实"是叠词，可以加强语气，强调表达效果。

例如：这个同学的字写得端正，这个同学的字写得端端正正，你看表达效果能一样吗？

再比如：同学们上课听讲认真，同学们上课听讲认认真真。这两句表达效果一样吗？

因此，同学们在以后要表达更深刻的意思时也可以用叠词。

刷子李用稀溜溜的粉浆把墙面刷得透亮，刷得清爽，且是匀匀实实的，这真是太神奇了。（出示"奇"）

"只见师傅的手臂悠然摆来，悠然摆去，"

同学们伸出手来，和老师一起做这个动作，体会什么是"悠然"？对，是悠闲自然，悠闲自然地做做这个动作——，这哪是在刷墙啊，这分明是在跳舞啊！这动作真的是——奇！

"如同伴着鼓点，和着琴音，每一摆刷，那长长的带浆的毛刷便在墙面"啪"地清脆一响，极是好听。"

"伴着鼓点，和着琴音"那是什么样的声音？同学们伸出左右手，像老师这样，刷过来——刷回去——，刷过来——刷回去——，加重力度，加大速度，这哪是在刷墙啊，这分明是在奏乐啊！这技术真的是——奇！

"啪啪声里，一道道浆，衔接得天衣无缝，刷过去的墙面，真好比平平整整打开一面雪白的屏障。"

那一道道板刷衔接得没有一点缝隙，整个墙面平平整整，这效果，这声音，这动作，怎一个"奇"字了得啊！

就让我们打开想象的大门，走进刷子李正在粉刷的房子，再次感受这奇人的传奇技术吧！（配乐，读一段话）

坐在这样的房间里，（出示一段话）就是什么都不做，单坐着就如同神仙一般快活。

小结：刷子李的技术真是"奇"！文中这部分主要通过描写刷子李的外貌、动作，还有后面的语言，当然还可以加入别的描写，表现了他的奇特之处，像这样直接对主人公进行描写就叫作直接描写。请大家记住，主人公就是文章的人物之花，描写得越精彩，花就开得越艳丽。

我们跟着曹小三看到了刷子李刷墙时的情景，那么徒弟曹小三今天只是来看他刷墙么，其实他是想要找他的白点啊，侧面突显刷子李的"奇"。

2.感受曹小三的心理变化，进而感受刷子李的"奇"。

找到文中描写曹小三心理变化的语句。（出示语句，让学生写四段话）

（1）我煞费苦心好不容易成了他的徒弟，我一定要亲眼看看他真的像说的那么神奇么，原来我给人家刷墙，无论怎么小心，还是弄得一身白点子，他真的能一个白点没有？

（2）哎呀，太牛了！真是名不虚传啊！简直神了！果然一个白点也没有，我今儿也是见了——高人！

（3）完了，完了，完了，吹牛吹大了吧，你不是神仙，没有白点不可能！这回露馅了，唉！师父啊，师傅……

（4）我真是狗眼看人低啊，羞死了，世界上没有什么不可能，只有你想不到，没有什么做不到！师傅啊，小三心服口服了！

在文中，你能用曲线画出曹小三的心理变化过程吗？

曹小三的心理变化就是所有没有看过刷子李刷墙的人的心理变化，亲眼所见的曹小三已经心服口服了，那么你呢？还半信半疑吗？还愣说不信吗？

作者最巧妙的写法就在这了——大家看一篇两页半的文章，描写主人公刷子李的内容只有这些，而描写曹小三心理变化的内容是很多，这样写的目的是什么呢？（出示"侧面描写"）

如果说文章对主人公的正面描写是文章的鲜花，那么侧面描写的内容就是烘托鲜花的绿叶。二者相辅相成，才会给读者留下深刻的印象。

四、迁移运用，对比阅读

冯骥才的文章中还有很多地方也用了这样的描写方法。（出示《快手刘》）

1.请你找到描写快手刘的内容，这是对快手刘的什么描写？你从中知道了什么？再找到描写作者和观众的内容，从这些描写中你感受到了什么？

对，观众的掌声、惊讶之声和作者由衷的赞叹、钦佩，更加鲜明地突显了快手刘的手之快，变戏法技术之奇！

2.读了这两篇文章，你能比较一下两篇文章的相同之处吗？

3.布置任务，引发思考。

同学们，你的身边有没有擅长书法、绘画、跑步……的同学，可以怎么称呼他？你能用正面加侧面描写的方法写出他的特点吗？

五、从课内到课外，拓展阅读

在当时的天津还有很多这样的奇人（泥人张、贺道台、苏七块……），这些人都被著名作家冯骥才用生动的文字记录在《俗世奇人》之中。在这本书中，作者用他的神来之笔描绘了许多形形色色之人。

其实不只这本书，这些书（《北平说书人》《人间有戏》《人间有味》……）也都塑造了一个个性鲜活的人物。

同学们，书籍是我们的精神食粮，也是我们写作方面最好的老师，大家一定要多读书，会读书，多积累，学方法。如此，我们的写作水平就会像春天的种子一样生根、发芽，茁壮成长！

第三段　延读教学设计

《俗世奇人》整本书读书交流会

学习目标

1.延伸阅读《俗世奇人》，借助目录、插图了解故事情节，认识"奇人"。

2.聚焦人物特点，抓住"奇"和"绝"两个字，理解、感悟人奇在哪，技绝在哪，开阔视野，丰富认知。

3.感受故事情节的一波三折，通过"奇人大讲堂"讲一讲"奇人"故事，领会表达方法。

4.巧用文本引领，通过习作片段《不一样的他》，挖掘身边人的不同之处，用不同的描写方法加以介绍。

学习过程

任务一：聊聊书外话

播放一段对《俗世奇人》这本书进行整体介绍的视频。

活动1：借助资料来介绍作者冯骥才和当时的天津的社会背景。

活动2：借助书名"俗世奇人"大体说说这本书写了什么，特点是什么。

任务二：说说文外意

我们常说的一句话是"读好书，读整本的书"，那读整本的书和读一篇文章有什么不同呢？

读整本书时，我们要关注整本书的各个环节，因为每个内容里面都有"宝贝"。

活动1：读"序言"知书的结构特点

在《俗世奇人》的"序"中，作者有这样一段话："这些奇人妙事，闻所未闻，倘若废置，岂不可惜？近日忽生一念，何不笔录下来，供后世赏玩之中，得知往昔此地之众生相耶？故而随想随记，始作于今；每人一篇，各不相关。冠之总名《俗世奇人》耳。"

通过序言，我们了解到，原来这些故事早就藏在作者的脑海中，随想随记，逐渐成书。从这里你能知道什么？

活动2：看"目录"整体了解有哪些人

《刷子李》这是一篇文章的题目，也是一个人的名字，谁来说说这个名字"奇"在哪里？在《俗世奇人》这本书的"目录"中，你还发现了哪些这样"奇"的名字，说说他名字的由来。

活动3：审插图辨人物

这本书主人公奇，文章妙，插图也是别有一番意义。从插图中，你能分辨出他是谁吗？

老师出示插图，学生分辨人物。

任务三：奇人绝技大讲堂

奇人必有绝技，在《俗世奇人》这本书中，作者试图告诉我们：原来小人物才是那个时代的主角，他要为这些小人物代言。同时也告诉我们，在那个时代"不强活不成，一强就生出了各样空前绝后的人物来。"

比如，刷子李，明明跟稀溜溜的白浆打交道，可偏偏穿一身黑；明明指望刷浆吃饭，可还发誓有一个白点就白刷不要钱，然而人家还就真能做到，真是人奇技绝。

读完了这本书，你觉得哪个人给你印象最深，我们比一比，看看谁讲的人最奇、技最绝。

活动1：整体梳理，助力回忆

请你先选出三个人，梳理他们的绝技。

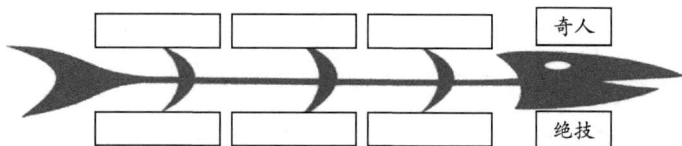

活动2：从三个人中选择一个你认为个性最奇、技艺最绝的，借助思维导图讲一讲他的故事。

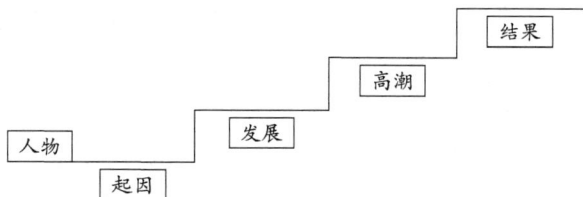

借助以上"情节阶梯"讲一讲他的精彩故事。

任务四：领会表达，学以致用

活动1：趣在其中，乐在其里，小小朗读会

冯骥才生于天津，表达方式善用天津方言，被誉为"津味小说家"。他的小说语言幽默风趣、干脆利落，善用比喻、夸张，体现了天津人的独特个性，用津味语言写天津奇人。《俗世奇人》是他津味小说的巅峰之作。

你觉得他哪一段语言最妙，给大家朗读出来，注意要读出"趣味"。

活动2：平凡之笔，塑平凡人的不平凡之处

冯骥才就是用这样幽默风趣的语言塑造了一个个技艺不同凡响的市井里的平凡人。我们也是平凡之人，我们身边也不乏不同凡响之人，请用你的慧眼去发现，用你的笔来塑造身边不同他人的平凡人吧！

课堂小结：曲终情未了。《俗世奇人》中每一个人都是了不起的平凡人。让我们做生活中的有心人，善于观察，善于捕捉身边平凡人的不平凡之处，且勤动笔记录生活，记录身边人的动人故事。

二、经一事长一智——叙事的文章

小学语文教材中，叙事类文章同写人类文章一样，比重很大。这类文章内容情节性强，注重人物形象的刻画，且情感表露真实，容易激发学生的阅读兴趣。这类文章如何开展教学呢？

第一，明确主题和事件。重视预习，引导学生有目的地读文，在读懂课文后明确单元主题，把握文章主要内容，初步明晰文章结构。

第二，感悟人物形象。细节描写是写事文章的关键，通过对人物、场景、环境等方面的细致描写，刻画人物形象。我们只有读懂人物所说、所做、所想，方能走进人物的内心世界。很多文章中，作者会"布白"，留给读者大量的思考和想象空间，适机引导学生进行文本补白，可激活学生的生活经验，获得超越文本的感悟，与文本中的人物产生共鸣，进而更全面、更深刻地感悟人物形象，实现深度学习。

第三，领会表达方法。学习叙事类文章一方面要关注写作顺序，另外一方面要学习表达方法。学习此类文章，一般可以运用抓关键词句、场景布局、故事推理等方法理清文章的叙述顺序。通过文本阅读、语言品析、实践活动、场景再现等方式学习领会文章的表达方法。

第四，结尾总结升华。叙事类文章多数在结尾部分对事件进行总结，并进一步强调主题。对此可以通过首尾对照、主题辨析、联系实际等方式深入体会感悟文章的思想感情。

课例：《爬天都峰》教学设计

第一段　预读学案设计

一、粗读

1.大声朗读课文，读准字音。

天都峰　笔陡　铁链　发颤　攀着　鲫鱼　汲取

2.试着说说下列词语的意思。

笔陡：＿＿＿＿＿＿＿＿　　你的理解方法：＿＿＿＿＿＿＿＿

汲取：＿＿＿＿＿＿＿＿　　你的理解方法：＿＿＿＿＿＿＿＿

3.请用题目扩充法，说说课文主要写了一件什么事？

＿＿＿＿＿＿＿＿＿＿＿＿＿＿＿＿＿＿＿＿＿＿＿＿＿＿＿＿＿

二、细读

文字好神奇，读着读着我们就跟作者爬上了天都峰，请你细细品读一字一词吧。

1.读着文字，你脑海中浮现的天都峰是什么样子的，来画一画吧！

（空白框）

　　小作者觉得天都峰太难爬了，请用三个字概括天都峰的特点：（　　）、（　　）、险。

　　2.话里有话，言外有意。

　　品对话：从这个"也"你能读出二位什么样的心理活动，试着猜一猜。

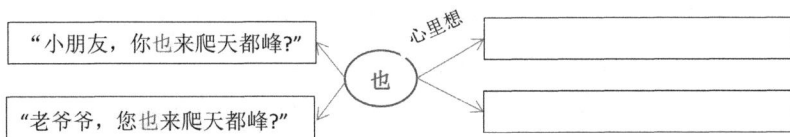

　　品情感："你们这一老一小真有意思……"，从这个"意思"中你读出了哪些意思？

　　三、对比读

　　小故事，大道理，从爬天都峰这件事中你感悟到了什么？请用你的慧眼对比下面这段话，想想两篇文章都告诉了我们什么。

　　　　罗伯特是个大富翁，大名鼎鼎的电脑高手，而他的儿子杰克却是个纨绔子弟。罗伯特不幸得了不治之症，临终前给他的儿子杰克留下一份遗嘱：

　　　　"我所留下的财富锁在保险箱里，而开启保险箱的密码则存放在电脑里，当你解开电脑程序的密码之日，便是继承我的财富之时。如果试图肢解保险箱，保险箱中的财富会自动化为灰烬。"

　　　　杰克将父亲火化后，请来了父亲生前一位最信任的助手莫拉德，希望他能帮自己解开电脑程序密码。可莫拉德说："你父亲是电脑奇才，要解开密码我做不到。"

杰克揣摩他是想得到一笔报酬，以此作为托词罢了，于是笑了笑说："你放心，我父亲留下的财富有上千万，只要解开密码，我可以拿出财富的10%作为你的报酬。"莫拉德想了想答应试试看。但是，最终莫拉德没能打开保险箱。之后，杰克还找过很多业内高手，但仍是徒劳。杰克生气地拍着桌子说："我父亲也是一个脑袋两只眼睛，他不是神是人，我一定要亲手解开他设置的密码！"

从此，杰克从基本的电脑知识入手，啃下了一本又一本深奥的电脑书，然后他又去几所有名的大学，请教著名的电脑博士。经过五年的学习，他开始着手破解密码。

经过长达两年的攻关，杰克就像远征一样，穿过遮天蔽日的原始森林，走过荒无人烟的沙漠，渡过汹涌奔腾的江河，爬过乱石纵横的山峦……经过不懈的努力，他终于破解了父亲的密码。他用这个密码打开了保险箱，然而保险箱里除了一张纸条外空无一物。

纸条上写着：恭喜你继承了我的终生财富，金钱不过是一个数字而已，在知识经济时代，它不能代表一个人终生的财富，只有知识才是财富。我所赚到的金钱，已在有生之年悄悄捐献给了需要救助的人们；留给你的知识，便是一生享用不尽的财富。

杰克终于明白了父亲的良苦用心。

后来，他也像他父亲一样，凭借自己渊博的知识与永不言败的精神成为了互联网时代叱咤风云的英才。

——选自《富翁的遗嘱》

请写出你的发现。

这篇短文告诉我们：＿＿＿＿＿＿＿＿＿＿＿＿＿＿＿＿

第二段　研读教学设计

学习目标

1.复习巩固生字词，掌握"鲫鱼、辫子、发颤"等词语的读音，准确书写易错的字。

2.通过品析人物动作、语言等关键词句，借助朗读、图片、视频等手段感受爬天都峰的不容易，体会爬上天都峰后的心情。

3.通过本文的学习，感悟要善于从别人身上汲取力量，要有战胜困难的勇气和信心。

重点难点

1.感受爬天都峰的艰难，体会爬上峰顶后人物的心情。

2.学会并能掌握有顺序地把重点部分写具体的方法。

学习过程

一、复习导入

1.读准字音。

出示本课难读的字词，要求读准字音。

笔陡　铁链　发颤　攀着　汲取

2.会写生字。

听写其中难记的几个词语"攀登、鲫鱼、辫子、发颤"，指导书写学生集中写错的字。

（设计理念：字词是小学语文学习最为基础的内容，是语文学习的重要所在。老师带领学生反复读诵难记的字词，区分平翘舌音，加深了学生的记忆。老师利用课堂时间听写课下容易写错的、难记的字词，对尤为难记的字"攀"，重点指导书写识记，这样为后面字词的分析理解打下了基础。）

3.能说内容。

请借助题目"爬天都峰",并联系课文内容说说课文主要写了什么？

（设计理念：学以致用是我们语文学习的最终目标，联系以前学过的以"事件"命题的题目概括文章大意的方法，试着借助本文的题目"爬天都峰"预习，就能较准确、较容易地把握文章的主要内容，在迁移运用中，巩固了学习的方法。）

二、研读品味

1.品味词句，体会爬天都峰的艰难。

强调结果"我和老爷爷，还有爸爸，终于都爬上了天都峰顶"，突出"终于"，提出牵一发而动全身的问题，从"终于"中你体会到了什么？文中哪些地方写出了天都峰很难爬，爬得很艰难？（出示自读提示）

根据学生的回答，确定研读的内容。

（设计理念：此问题是能够牵一发而动全身的问题，能把整篇文章串联起来。因为"终于"体现了天都峰的难爬、不容易爬，文章第一大部分就是从天都峰的地理特点、爬山的过程、山脚下老爷爷和小作者见到对方时的惊讶和怀疑三个方面写的。这一个问题可让学生多角度地体会、感受天都峰，做到了深入解读教材，精讲、精练、精深的教学效果。）

学生自读并做批注。

（1）研读天都峰的特点，感受难爬。

①抓住"在云彩上面哩"，感受天都峰的高；从"天上挂下来"，感受到天都峰的陡峭。

引导学生读出天都峰的高和陡。

②它不仅高、陡，还有一个显著的特点（拓展材料）——险。

天都峰，黄山"七十二峰"中最险峻的三大奇峰之一。天都峰最险处为"鲫鱼背"。它是一道长十几米，宽不过1米的狭长光滑的石背，石背两旁是万丈深渊。

引导学生读出天都峰的高、陡、险。

（设计理念：从课文中可以了解天都峰的高、陡，还不够，再借助课外资料，全面具体地了解天都峰的地势特点，为体会天都峰的难爬做好充分的准备，这样也做到了课内外的整合。）

③天都峰到底有多陡、多高、多险？（播放视频）直观感受天都峰的特点。

引导学生把所有的感受都送进文字里，大声读出来。

就是这样一座大山，小作者居然战胜了它，居然爬上去了，当时是什么心情？把心情送到文字里，高兴地读出——"我和老爷爷，还有爸爸，终于都爬上了天都峰顶。"

（2）研读爬的过程，感受难爬。

①从"奋力"一词中能感受到什么？学生先理解，教师出示奋力一词的解释，学生读出"奋力"。

"攀"字，出示图片，借助图片和字的结构理解爬山的艰难，读出攀登的艰难。

"爬"字，分解为两部分——"爪""巴"，想象手脚并用扒着台阶向上爬的画面，感受爬的艰难。

尽管费了九牛二虎之力，但终究爬上了天都峰，你此时是什么心情？把心情送进文字里——"我和老爷爷，还有爸爸，终于都爬上了天都峰顶"，读出来。

②品一品，这里作者是怎么写出爬的艰难的？如果这样写"我奋力地向山顶爬去"可不可以？哪个写得好，好在哪？

围绕"奋力"这一点展开，一会攀，一会爬，像只小猴子，作者把自己做到的、想到的都写出来了。在书上批注：围绕一点，展开画面。

（3）研读人物对话，感受难爬。

从老爷爷和小作者在山脚下的对话中，也能感受到天都峰的难爬。

①"也"字，每个人说了一次，充分写出小作者和老爷爷看到对方时的惊讶、怀疑，并从对方身上获取了不服输的力量。

②揣摩人物此时的内心活动，真切感受天都峰难爬到不相信自己，也怀疑别人。

③从老爷爷最后一句鼓励性的语言中体会二者的决心。

就是这份决心，让这一老一小最终爬上天都峰的最高点——鲫鱼背。两个人喜悦之情溢于言表，共读——"我和老爷爷，还有爸爸，终于都爬上了天都峰顶。"

（设计理念：有效的语文课应该做到"三味"：诵读动情，默读静思的读味；圈画批注，做好笔记的写味；咬文嚼字，领悟内涵的品位。本环节就是让学生在各个情境中抓住关键性的字词句进行细细品味，体会含义，领会情感。学习领会天都峰的"高、陡"时紧紧抓住"在云彩上面哩""笔陡""挂"等词语，通过字面理解、师生表演、勾画板书、拓展材料等方式充分感受天都峰的难爬，为后面爬上天都峰后的喜悦做好铺垫；在学习"登山"处，抓住"攀""爬"两个字，运用图片分析汉字的组成，想象情境，体会攀爬的艰难；在学习"爬到顶峰"后，抓住人物的语言，通过前后对比，感受人物的心情和文章的表达意图。整个过程，老师注重引导读、找、品、悟、读，反复循环性地学习，真正做到让语文学习真实发生，知识方法扎实记忆，环节语言朴实无华，学生收获厚实可观。这样的语文课实现了情趣盎然，心灵对话；情感熏陶，价值引领；情系关怀，以人为本。）

2.品读峰顶对话，体会文章蕴含的道理。

（1）默读峰顶老爷爷、小作者和父亲三个人的对话，思考：从他们的对话中，你体会到了什么？

同桌之间互相说说自己的理解，全班交流，带着自己的理解配乐、分角色朗读课文。

（2）对比人物情态的变化，补充完善感悟。

从他们的对话中可知，他们的成功靠的是什么？还记得开始两个人的态度吗？——怀疑、犹豫。而现在两个人的态度是怎样的？——自信。

从中你感悟到什么？——成功还靠"自信和勇气"。

有了这些，一切困难都能克服，正如伟大的毛主席说的一句话——"世上无难事，只要肯登攀。"

（设计理念：语文的基本特点就是语文的工具性和人文性。在前面充分品味语言的过程中感受人物成功的原因，并能从中受到启发、鼓舞，这是语文学习的重点之一。这里通过多种方式的读、循序渐进的品、角色的体验、名言的引入，让文章中蕴含的道理水到渠成地呈现出来，相信每个学生都能从文中获得很多启示。）

三、悟读领会

小作者就"爬天都峰"这件事，不仅清楚地写出了事情的经过，还让我们如临其境，从中感悟到深刻的道理，我们看看作者是怎么做到的呢？

大家看板书，他是按什么顺序写的？是怎样写出"爬"的画面感的？是怎样阐明"要善于从别人身上汲取力量"这个道理的？

小组合作探究，做好记录和总结。

全班交流汇报，写清一件事要有清晰的顺序。写清细节可以围绕一个点展开，也可以加入人物的对话描写。

（设计理念：语文教学中，通过开展探究性学习，可以培养学生的合作探究能力，对于提高学生的语文综合能力有着重要的意义。自主合作探究学习是学生通过小组有目的的合作讨论，自主式地学习，主动获取知识，激活思维，强化表达。学生通过合作讨论与学习，获取知识、巩固知识、深化知识。但前提条件是，所讨论的问题必须具有一定的深度、适度、广度，这样才能真正实现合作探究的目的。本节课是习作单元的一篇讲读课文，表达方法固然是重难点，但也可以让学生就这样的问题进行讨论探究，从侧面了解并掌握这一写作方法。）

四、延读迁移

1.根据题目说内容。

同学们，还记得《观潮》这篇课文的主要内容吗？单从题目你能说出课文的主要内容吗？那么《爬天都峰》，单看题目你能说出主要内容吗？通过这两篇文章，你感悟到了什么读书方法？（题目本身写的就是一件事的时候，就可以考虑用"添枝加叶法"推理出文章的大体内容）

出示《捉蚊趣事》《爷爷戒烟了》，从这两个题目，你能推理出文章的主要内容吗？（引导学生学以致用）

2.围绕一点展开写。

出示文章片段，说说作者主要想写什么？是怎么写清楚的？

（设计理念：高效的语文教学能围绕教学的重难点，实现一课一得，能对教学内容适当地取舍。本课在教学中以一线动全身的方式，在课尾对全课进行梳理，引导学生进一步明确并掌握把一件事情写清楚的方法"顺序要清、细节要细"。最后，通过一个个练习的拓展、对比、迁移，连点成线，使学生对表达方法的掌握螺旋上升。）

五、布置作业

1.熟读课文，背诵课文第二自然段。

2.你想对小作者或老爷爷说点什么，请写一写。

六、板书设计

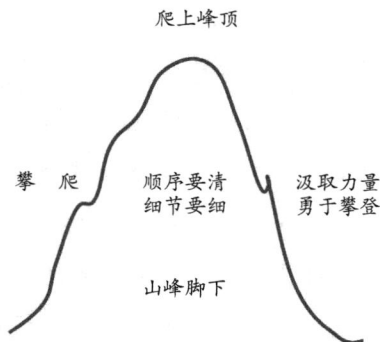

爬上峰顶

攀　爬　　顺序要清　　汲取力量
　　　　　细节要细　　勇于攀登

山峰脚下

第三段　延读教学设计

学习目标

1.以课文为引领，内化理解，延伸生活，回忆获得启示、收获的往事。

2.借助资料，丰富表达，即兴演讲，培养读写讲能力。

学习过程

任务一：搜集资料，丰富积累

活动1：广泛搜集立志的名人名言和古诗词，整理在积累本上，并试着理解大意。

活动2：全班交流自己印象最深的一句名言、一首古诗词，并制成小书签。

任务二：故事分享，总结道理

活动1：在你的成长路上，经历了很多事情，其中一定有让你有所启发、获得某个道理、得到某个教训的事情，给大家讲一讲吧。

活动2：请把你收获到的道理、启发、教训用一段话整理在刚才书签的背面。

任务三：小演讲，大影响

请你以《经一事长一智》为题，运用积累的名言、启发，选择合适的事例即兴演讲。

三、别具一格的它——写物的文章

睹物思人、借物喻人、借物喻理，小小的事物里往往饱含着深情厚"意"，我们学习写物的文章既要了解事物的特点，也要学习事物中饱含的深意，那么此类文章该如何开展教学呢？

首先，抓住事物特点。通过阅读能初步概括该事物的外观、颜色、大小、形状等特点，了解它的用途或价值，从整体到局部，从外观到内部，按照一定顺序进行理解和概括。

其次，体会作者感受和情感。学习中要引导学生多问几个为什么，比如：作者为什么喜欢它、为什么要写它，作者要通过它表达什么思想、什么感情等，这样可以深刻了解作者的写作意图。

最后，领会修辞手法和描写方法。在品析语言时，抓住修辞手法或者静动态的描写方法，可以从多方面了解事物的特点、作用或价值。

课例：《威尼斯的小艇》教学设计

第一段　预读学案设计

一、粗读

1.大声朗读课文，画出不认识、读不准的字以及不理解的词。读准字音，联系上下文或借助字面分析法理解词语，也可以查字典。

读准字音：

纵横交错　船艄　祷告　笼罩　仿佛　雇定

2.请联系文章题目概括课文的主要内容。

_____

二、细读

文字好神奇，读着读着就会看到你想看的事物，请你细细品读文中的一字一词吧。

1.读着文字，你脑海中浮现了什么样子的小艇？来画一画吧！

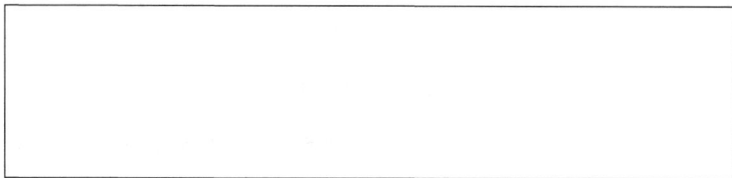

```



```

2.这样的小艇，船夫的技术怎样？用一个词概括_____。请你圈画文中的词语，证明你的观点。

3.这样的小艇，谁坐？坐着它干什么去？通读课文，完成下列表格。

做小艇的人	坐小艇去干什么
商人	去做买卖
青年妇女	
保姆	
老人	

三、对比读

本文的作者三言两语就让从没见过小艇的人一目了然，他是怎样做到的呢？请用你的慧眼对比下面这段话，找找两篇文章在介绍一种事物时所用方法的共同点。

> 　　我攀登过峰峦雄伟的泰山，游览过红叶似火的香山，却从没看见过桂林这一带的山。桂林的山真奇啊，一座座拔地而起，各不相连，像老人，像巨象，像骆驼，奇峰罗列，形态万千；桂林的山真秀啊，像翠绿的屏障，像新生的竹笋，色彩明丽，倒映水中；桂林的山真险啊，危峰兀立，怪石嶙峋，好像一不小心就会栽倒下来。
>
> 　　　　　　　　　　　　　　　　——选自《桂林山水》

请写写你的发现。

写作共同点：_____。

第二段　研读教学设计

一、看视频，创情境，激情趣

异国风情，独有韵味，今天我们一同游览一座梦幻般的水上城市。

意大利的古城威尼斯，它位于欧洲亚得里亚海滨，周围被海洋环绕，有"水城""百岛城"之称。这里风光秀美，古迹甚多，有120座大教堂，有120座钟楼，64座修道院，40座宫殿，是驰名全球的旅游胜地。

同学们，你们觉得威尼斯怎么样？

二、看图片，明主题，查预习

威尼斯不仅景色优美，古迹甚多，它还有一道独特而亮丽的风景，那就是——（出示小艇的图片）你们想去看看吗？

1.检查字词（出示字词）。

这里有一个生字比较难写，它就是（出示）"艇"，仔细观察，书写时该注意什么？（出示"艇"字的书写动画）

学生写字，教师巡视指导，找一两个学生的字进行点评。

2.检查内容（出示提示）。

自读提示：

边读边思考课文写了哪几个方面的内容？请在你印象最深的地方做好批注。

3.学生自读课文。

指名汇报课文主要写了哪几方面的内容。

4.师总结并概括方法。

像这样写景、物的文章就可以从题目想开去，判断这篇文章的大体内容，便于你对文章内容的把握。例如：（出示《荷兰的花》《非洲音乐之魂——达姆鼓》）猜一猜文章会写什么，同学们记住这种方法——从题目想开去。

三、品语言，识小艇，悟情感

走着，走着，我们已经来到了威尼斯了，真的看到了小艇，看到了船夫，看到了人们。你的双眼就是"相机"，你最想拍什么？

师依学生的想法选择教学内容。

预设A：小艇的样子。

1.分析语句，明确小艇的样子。

2.对比句子，学习写法特点。

3.读课文，体会语句的特点。

你还想拍什么？为什么想拍船夫？

预设B：船夫的驾驶技术。

1.抓关键词——"操纵自如"，理解课文，整体把握船夫技艺之高。

2.细读文本——品味船夫技艺之高。

3.多形式朗读——感受船夫技艺之高。

技艺高超的船夫拍下来了，你还有什么想拍的？

预设C：人们的活动。

1.出示表格。（略）

学生填表后，出示整理后的表格。

观察表格，你发现了什么？

2.练习说话，想一想，除了这些人还会有什么人坐着小艇去干什么？

3.文本对比，现实对比，深知小艇的重要性。

四、曲终了，情未尽，抒胸意

1.情境渲染：天黑了，古老的威尼斯沉沉地入睡了。（出示夜晚的威尼斯）

2.写作训练：同学们，迷人的威尼斯，独特的小艇给你留下了怎样的印象？写下你的感受吧，写后交流一下。

五、作业

今天的旅程即将结束，但是你的旅程才刚刚开始。（出示作业）

1.摘抄并背诵课文中你喜欢的句、段。

2.苏州被称为"东方威尼斯"，泰国被称为"亚洲威尼斯"，课下收集这些城市的资料，比较几个"威尼斯"的异同。

3.阅读课外书，继续领略异国风情。

第三段　延读教学设计

学习目标

1.回顾复习，巩固文章是如何围绕着主题介绍了小艇的构造特点、小艇船夫的驾驶技术和小艇与人们日常生活关系等方面的内容的。

2.对比阅读《太阳》《落花生》两篇文章，感悟虽然都是写物的，但是落脚点不同。

3.方法引领，拓展迁移，选择一种事物从自己喜欢的角度介绍它。

学习过程

任务一：收获节

活动1：充分阅读《太阳》《落花生》两篇文章，了解大意。

活动2：多个角度谈收获，完成思维导图。

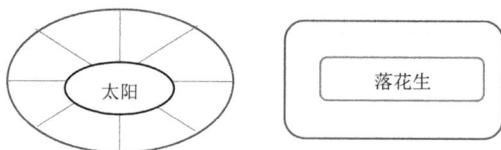

太阳

落花生

任务二：探异同

三篇文章都是介绍事物，但是又有本质的不同，请你先自己思考，然后小组合作分辨它们的异同。

活动1：小组讨论、比较、总结。

课文	相同之处	不同之处
《威尼斯的小艇》		既介绍本身特点，也介绍了与其相关联的几个方面的情况
《太阳》		
《落花生》		

活动2：以小组为单位汇报自己的发现。

《太阳》单纯地介绍了事物的特点；《落花生》由物及人，借物喻人。

任务三：展示会

活动1：请你选择自己喜欢的一种表达方法，确定一种事物，可以查阅资料丰富积累，然后布局谋篇。

活动2：读文交流，展示自己的习作。

下篇

阅读教学实践

第三章　语文阅读教学如何有效地教

第一节　小学语文阅读教学中的比较阅读

现在的小学语文教学不是只教教材，而是注重让学生拓宽视野，扩大阅读量，实现课外阅读课内化。那么，教学中需要引入什么样的文章？如何做到课内外阅读的有效整合？笔者认为，比较阅读是实现课内外阅读整合的一条有效途径。

一、什么是比较阅读

"比较阅读"就是把人文主题或语文要素等相近、相同或者相反的两篇文章或多篇文章放在一起，有目的地对比着读，分析其相同点或不同点的一种阅读方法。在阅读过程中，引导学生将文章有关内容不断进行比较、对照和鉴别，这样既可以帮助学生开阔眼界，活跃思想，使认识更加充分、深刻，又可以让学生看到内容差别，把握写作特点，提高文字鉴赏能力。对语文教学来说，比较阅读是有效提高学生思想素质、提高语文教学质量的重要途径。

二、为什么要比较阅读

在语文阅读教学中，将两篇或多篇有关联的文章进行比较、对照，主要基于两点原因：一是基于教材的组元特点。小学语文教材的编排特点之一就是采用"双线组织单元内容"，即以广泛的人文主题将一个单元的课文组合在一起，并且将语文能力训练的基本要素，包括语文知识、基本语文能力、相应的学习策略和学习习惯等，分成若干个知识或能力训练的"点"，由浅入深，分散在各个单元。教学时，教师要抓住这些"点"来开展教学，而这些点就是"比较阅读的点"。二是基于学生发展的需要。在阅读教学中，有目的地将两篇或多篇有关联的文章放在一起对比着读，可以帮助学生开阔眼界，活跃思维，使认识更加充分、深刻、具体而全面，又可以看到差别，把握特点，突出重点，学以致用，提高学生的鉴赏力和思维能力。

三、怎样比较阅读

进行比较阅读要做到以下两点：

第一，在众多的文章中选取相同、相似或相反的内容进行重组、整合、构建，最重要的是先确定"比较阅读的点"。我们一般可以根据单元人文主题、语文要素、文后问题、课文中的提示语等内容，确定"比较阅读的点"。例如："同一人文主题""同一语文要素""同一主角""从不同角度表现相同语文要素""同一表达方法"等，这些都可以作为比较阅读的"点"。

第二，基于这个"点"，将相关的文章进行有目的地整合、比较、分析、提炼、总结，进而达成教学目标。下面就以"从不同角度表现相同语文要素"这个点为例，说说怎样进行比较阅读、达成教学目标。

《盼》是统编版六年级上第五单元的一篇精读课文。通过学习，我们总结出《盼》是通过"得到心爱的雨衣""晴天盼下雨""下雨未穿成""穿上新雨衣"几个事例写出作者"盼"这一心理过程，层层递进，深刻感受到小作者那种无奈地盼、辛苦地盼、如饥似渴地盼……本课的写作特点就是"通过几个事例表达一个中心"。接着，教学中引入文章《忙碌的早晨》，在学习了上一篇文章的基础上，学生很容易感受到《忙碌的早晨》中的"忙"。经过阅读分析不难发现，《忙碌的早晨》是通过"小区的早晨""菜市场的早晨""学校的早晨""家里的早晨"等几个方面来写早晨的忙碌，进而总结出本文的表达特点是"从几个方面表达一个中心"。这样两篇文章放在一起对比，本单元的语文要素"用几个事例或者是从几个方面表达一个中心"的语文要素更加鲜明，更加突出，学生掌握起来水到渠成，印象深刻。

四、比较阅读应注意什么

（一）比较阅读的目标要明确

教学时，我们要通过比较阅读实现什么目标，突破什么重难点，要让学生掌握什么知识和方法，根据这些要求选取比较阅读的材料。

（二）准确把握比较阅读材料的异同点

在比较阅读过程中，只有清楚并准确地把握阅读材料的异同点，才能够进行有效的比较阅读。

（三）比较阅读时思维要有条理性

在比较阅读中，思维要始终保持一定的条理性，为什么比，比什么，怎样比。只有保持思路清晰、目标明朗，比较阅读才能更有效。

（四）比较阅读形式要灵活多样

学生不同，内容不同，目标不同，所以比较阅读可采用表格、图解、文字等多种形式。

总之，比较阅读立足学科特点，聚焦单元主题，以核心目标为引领，将课内外文章整合，举一反三，深化认知，强化能力，全面提升学生的语文素养。

第二节　"双减"背景下提质增效的阅读教学新策略

教学质量是学校的生命线，是社会关注的焦点，也是家长评判学校的指标之一。2021年9月1日，我国正式实施"双减"政策。"双减"中的"减"主要包含两点：一是减轻学生作业负担；二是减轻学生校外培训负担。

减轻学生作业负担的措施——优化作业设计。学校年级组、学科教研组要将作业设计作为集体备课的重要内容，教师要提升作业设计水平，创新作业布置形式，加强实践性作业。鼓励教师针对学生实际，实施分层、弹性和个性化作业，坚决克服机械、无效作业，杜绝重复性、惩罚性作业。

减轻学生校外培训负担的措施——改进课堂教学。坚持因材施教、教学相长，立足课堂提高教学质量。教师要真正地、不断地改进教学方法、精讲巧讲，注重启发式、互动式、探究式教学，引导学生主动思考、积极提问、自主探究，关注学生个体差异，培养学生自律专注的良好学习习惯，指导学生学会运用多种方式学习。可以说，"双减"政策指的就是坚持学生为本，遵循教育规律，着眼学生身心健康成长，整体提升学校教育教学质量。

那么作为一名语文教师，要保证语文教学的质量，提升学生的语文综合素养，我们不但要明确减什么，同时还要明白加什么。只有做好这个加减法，才能有效提高教学。如何保障语文教学提质增效？下面来谈三点：细备、巧讲、精练。

一、细备

备课，是教师为了保证学生有效地学习，根据学科课程标准的要求和特点，结合学生具体情况，对教材内容作教学教法上的加工和处理，选择合适的教学方式方法，规划教学活动的准备工作。从这段表述中我们可以看到，备课涉及了六个方面，这六个方面就是我们备课的主要方向和内容。

（一）备课程标准

明确本学段、本学年的教学目标和要求。作为老师，要清楚每个学段、每个学期的教学目标和要求是呈阶梯式进阶设计的，它们既独立存在，又互相勾连。只有明确每个阶段的教学目标和要求，以及阶段与阶段之间的联系，教学内容才能准确定位，精准落实。

（二）备教材

为了避免以往语文教学的碎片化，现在倡导"大单元""大语文""单元整体"教学模式，其实归根结底就是做到两点：大处着眼，小处着手。大处着眼，即单元统备，教师要了解单元人文目标和各课的语文要素落脚点。为了更好地实现"一课一得""学练结合""群问阅读"等教学目标，教师可以把每个语文要素的落脚点确定为一个子任务，以此子任务为中心，横向打通整个单元、整本书，纵向打通学年、学段，并适当拓展课外相近、相似、相反或者相对的文章，对教学内容进行选择、重组和构建，实现统合内容、统筹设计、整体推进。小处着手，就是对每一个子任务的落实，从预习方法、内容，新授课的导入、研读、训练等多个环节进行精细准备，这样的备课针对性强、涉猎广，学、练、读一气呵成。

过去备课都是一课一课地分析、分类、设计，把一个单元的教学完全独立了，但是每个单元是一个整体，语文要素的设计更是呈螺旋式上升的，每一篇课文都有自己的落脚点。现在备课时采用"双线"单元备的方式，先将单元内容、主题思想、语文要素归纳到一个双线图中，这样可以清晰地明确每一篇课文的语文要素的落脚点是什么，课与课之间语文要素的联系是什么。

例如：在备四年级上册提问策略单元时，通过"双线"单元备，我们知道了《一个豆荚里的五粒豆》的语文要素是"能根据课文内容提出问题"，《蝙蝠和雷达》的语文要素是"能从不同角度提出问题并讨论"，《呼风唤雨的世纪》的语文要素是"提出自己的问题，再把问题分类"，《蝴蝶的家》是把前面学到的策略，在这篇课文中综合运用。只有这样备课，教师才能准确定位每篇课文教什么，进而实现精准落实。

（三）备学生

备课的一个前提条件是，教师要明确学生已有的知识和经验、接受的能力和水平，选择合适的方式方法，设计适合不同层次学生的具有挑战性、可持续学习的任务。

（四）备方法

选择合适的教法，确定一课一得的学法。预习方法的引领，教师要相信习惯的力量。刚开始，教师给学生设计目标清晰、要求明确、方法简单的预读单——粗读，知大意；细读，品语言；对比读，找异同的三步预读法，每篇课文都这样设计，久了方法自会熟记于心。新授课既要有方法，同时也要有新意——品词析句、解词悟情、有感情地朗读，还要有学生难以捉摸透的教学方式。

（五）备自己

结合教师自身的特点，备自己的知识储备、教学思路、教学风格、教学语言等，设计适当的目标、适量的任务、适合的教法。

（六）备过程

融入先进的教学理念，体现学科特点，设计有效的教学活动，明确每个环节的目标和达成标准，促进学生主动学习。

二、巧讲

教师要在准确理解《义务教育语文课程标准（2022年版）》、抓住重点、把握难点的前提下，审慎取舍教学内容，合理安排教学环节，恰当选择教学方法，最大限度地、高质量地完成课堂教学任务。

（一）遵循的原则

立足单元人文主题和语文要素，设计多个子任务，聚焦教学要点，将相关知识内外整合；坚持语文学习从始至终以读贯之，力求做到一课一得，并能举一反三，深化认知，内化方法；借助延读实践，实现反三归一。

（二）巧讲的策略

1.讲一点，连一线

《圆明园的毁灭》一文教学重点是"昔日的辉煌"，它有三个大的方面——建筑、文物、布局。如果三个方面同时用力，就会重复、低效，教学时可采用"讲一点，连一线"的方法。重点讲"建筑"部分，随着学习理解，总结出"读—思—批—悟—诵"的学习方法，接着放手让学生用这个方法自选"布局"或者"文物"部分，运用刚才学过的方法分小组合作学习。这样省时高效，学生因为选择自己喜欢的部分得到充分尊重，大大地调动了学习的积极性，在自学的过程中加深了对学习方法的巩固和内化，一举多得。

2.讲重点，略次面

《鸟的天堂》一文写了巴金两次到"鸟的天堂"看到的不同景象。但是作者着重写的就是大榕树和鸟，教学时要紧紧抓住这两部分，聚焦单元语文要素"初步感知静态描写和动态描写"。从《鸟的天堂》题目中，让学生猜想关于"鸟"和"天堂"作者会写什么。学生会一步到位，直接说出写"鸟"和"树"，那就带领学生直接走进文章，去看看怎样写"树"，怎样写"鸟"。学习中，让学生充分感受静态描写和动态描写。对于课文中其他内容——时间、路上的风景，五年级的学生一读便可知，故不必多讲。

3.讲要点，练一类

《太阳》是一篇说明文，是五年级上册第五单元的第一篇课文，它担负着引出单元语文要素——说明文以"说明白了"为成功，初步了解说明文的写作方法和学习方法，激发学习说明文兴趣的重任。教学本篇课文时，教师可先运用"环形图"引导学生重点学习太阳"大"这一特点，然后让学生借助"环形图"自学其他的特点以及太阳和人类的关系。在此之上，还可以让学生掌握如何借助思维导图理解说明文的写作方法，引导学生通过更换思维导图——鱼骨图、表格等，再次梳理文章内容，让学生真正把固定的知识学活。之后，再让学生用思维导图自学类文，设计自己的小练笔，在学—换—练—比—写的过程中将知识融会贯通，灵活运用。

4.举一反三

《盼》是六年级上册第五单元习作策略单元的一篇课文。本单元的语文要素是"学习从多个方面或者用几件事围绕一个中心写"。《盼》一文主要围绕"盼"写了作者得到新雨衣、晴天盼下雨、下雨没穿成，最后终于穿上新雨衣的故事。教学时，在学生理解了本课文以后，教师可将其和前一课《夏天里的成长》以及课外文章《忙碌的早晨》一起比较阅读。通过对比阅读，学生明白"围绕一个中心写的方法"。

5.反三归一

通过四年级下册第五单元的《海上日出》《记金华的双龙洞》《颐和园》《七月的天上》，教师可拓展《还行杂记》《游日则沟》等若干篇文章，然后在研读课上，将前面学到的"景随时变""景随物变""游览顺序""如何把重点景物写清楚""如何过渡"等方法进行归类汇总，化零为整，反三归一，清晰准确地固定写作方法。

例如：教学《鱼游到了纸上》一文时，通过学习青年人认真"看鱼"，最后才能"鱼游到纸上"。引导学生自学课外文章《胸有成竹》和课内文章《全神贯注》，并在课尾将三篇文章放在一起，对比总结，得出结论：做任何事只有前面的"全神贯注"，才会有后面的"杰出之作"。

三、精练

（一）形式精妙

在创造中培养能力，发展思维——基础性、实践性、挑战性。让学生通过读书摘抄、写字比拼、自制诗歌集等形式，提前自学。

（二）引领精心

在指引中完善认知，培养技能——有针对性，聚焦要点。教师提前设计预读单，准备预习思维导图和作文练习纸。

（三）内容精致

在迁移中内化方法，开拓视野——开放性、拓展性、综合性。

（1）课内文章精细读：如《铁杵成针》《囊萤夜读》《小英雄雨来》《我家的男子汉》《芦花鞋》。

（2）拓展文章对比读：《我的伯父鲁迅先生》《撒尿小英雄于连》《悬梁刺股》《程门立雪》《手不释卷》《凿壁借光》《小侦查员》。

（3）整本书跟进读：《青铜葵花》。

第三节　发挥板书魅力，打造精彩课堂

板书是教师以教学内容为依托，以教学目标为依据，在黑板上用文字、符号或绘图等方式向学生呈现教学内容、分析过程、表达方法等，将知识概括化和系统化，启发学生思维，帮助学生理解和记忆的有效教

学手段。

朱绍禹说，板书能点睛指要，给人以联想；形式多样，给人以丰富感；结构新颖，给人以美的享受。一节课的好坏，很多时候只看最后的板书往往就能一目了然。板书不仅承载着前面所说的内容，还融进了教师的智慧、教学思想和教学经验，是教师综合素养的体现。所以，板书是一节课的浓缩，直接反映了一节课的精彩与否。

一、板书的作用

随着科学技术的发展，多种先进的教学手段走进课堂，但是板书的作用是不可取代的。

第一，板书可以精准地概括本节课的教学内容。好的板书高度浓缩了一节课的教学目标、分析过程和表达方法等内容，含有较大的信息量，其语言准确、简练，没有繁琐之言、模糊之意。

第二，板书可以清楚地呈现本节课的重难点。好的板书所呈现的内容大都基于本课的重点和难点，留主弃次、删繁就简、以点带面，学生可以一目了然地掌握学习要点，进而连点成线，聚线成网，搭建知识框架。

第三，板书可以体现教师的基本功和教育智慧。好的板书是教师扎实的基本功，丰富的教育经验的体现。也是教师精心备课、呕心沥血的创造，能够很好地达成课堂教学的理想效果。

第四，板书可以丰富陶冶学生们的审美和认知。好的板书形式灵活、设计巧妙、不循规蹈矩，给人一种很强的视觉享受和美的熏陶，可以大大激发学生的学习兴趣、发展思维，为整节课的教学发挥着画龙点睛的作用。

第五，板书可以促进学生对知识和方法的掌握。好的板书是知识和方法的高度概括和凝练，易于学生快速掌握、巩固并能持久性记忆学到的知识和方法。

　　板书的作用虽然很大，但是如果设计不好，仍不会发挥其作用，那么如何设计板书？什么样的板书才是好的板书呢？

二、板书的特点

　　板书时应该做到以下几点：

　　（一）概括性

　　板书是教师针对一节课所讲的知识要点、表达方法以及思想情感的一种呈现，是为了帮助学生了解得更清晰，辅助记忆，利于课后有效复习。所以，板书呈现的内容要完整，但不可以过细、繁琐而喧宾夺主。如果板书过细，写的内容过多，教师就没有更多的时间和学生交流，就会影响师生之间的联系，而且学生记录得过多，就会占用学生思考和探索的时间，影响教学效果。板书也不可过少，简单而不具体，不能完整地呈现一节课的知识点，不能为后面的复习发挥作用。因此，板书必须具有高度的概括性，语言准确而精练，最好每一处都是点睛之笔。

　　例如：统编版五年级上册《太阳》，其文章主要讲了太阳的特点和人类的关系。本文是一篇典型的说明文，教学本文的重点就是掌握文章写了什么、用了什么说明方法、感受说明文语言的特点，基于此板书可以设计为：

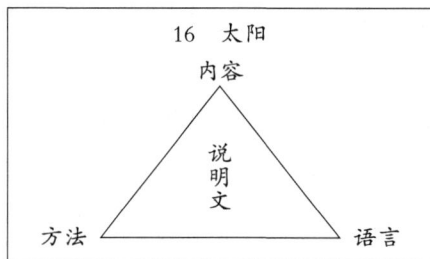

（二）针对性

板书的针对性主要包含两个方面，一个是针对学生，一个是针对教学内容。

针对学生，就是不同班级的学生要采用不同的板书。基础比较弱的班级，板书的知识点就要详尽一些；班级学生的基础理解能力强一点，板书的知识点就可以概括性强一点。

针对教学内容，就是对一些易错、易混淆的知识点进行板书，要详细地写清楚。例如：《忆读书》中的"一知半解"，是指读书方法，很多学生会认为是指读书感受，板书时就要标清楚。

（三）科学性

板书是教师的第二个备课，必须严谨规范、书写工整、清楚易懂、准确无误、条理清晰。板书中的内容要么不写，要写就要表述完整。例如：板书《西游记》不可以写成《西游》，《红楼梦》不可以写成《红楼》。

（四）灵活性

板书是一门艺术，它既可以呈现重要的知识点，还可以激发学生学习兴趣，既可以升华情感，还可以为整节课锦上添花。教学时要灵活多变地设计板书，让其发挥最大的效能。

教学《月迹》时，一方面在写作者追寻月亮的足迹时看到的美丽景色，一方面是要表达人们追寻梦想的足迹，其过程是艰难而曲折的。教学时可这样设计阶梯式的板书：

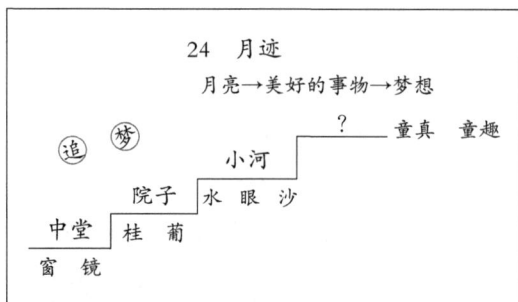

上面板书设计既呈现了小作者追寻月亮足迹的过程和看到的景象，也表现了人们追寻梦想的过程是曲折的。其设计由浅入深，从"月亮"联系到"美好的事物"，再引申到"梦想"，一气呵成，清楚明了。

《夏天里的成长》是统编版六年级上册第五单元的一篇课文，本单元的语文要素是"围绕一个中心意思写"，不论是围绕一个中心从几个方面写，还是围绕一个中心用几件事来写，其实都是围绕一个中心将几个内容交织成一张网，要点为线，思想相联。教学时可以这样设计板书：

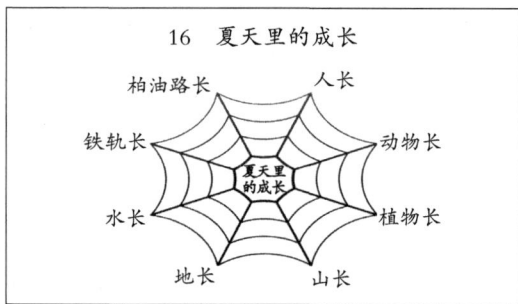

（五）启发性

启发学生积极思考、自主探究、发展思维，培养学生自主学习、深入学习、掌握方法，这是语文教学的一个重要目标。在课堂教学中，教师除了可以运用多媒体，借助材料等方式外，板书引领也是一个重要的途径。

例如：教学《四季之美》时，先带领学生边学边整理"春天之美"，接下来放手让学生通过自学、小组合作完成其他三个季节之美的板书内容。教学时板书设计如下：

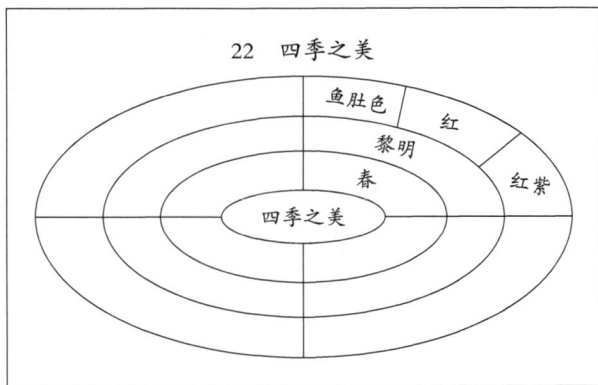

22　四季之美

（六）生成性

设计好了板书，该什么时候写，怎样呈现，是先写完再讲，还是边写边讲，还是讲完一个知识点随机写，都是有不同的效果的。在教学过程中，随着教师的引导、启发，学生思考、发现、探索，最后总结出知识点，这时候再去板书——即生成性板书，比起先板书或者讲完以后再整体完成板书效果要好的多。

例如：教学《圆明园的毁灭》一文时，教师引导学生发现圆明园昔日的辉煌，着重介绍结构、建筑、文物三个方面的内容，随机完成板书。

接下来学习圆明园的"毁灭"部分，通过画关键词找到侵略者毁灭圆明园的行径，完成板书。

随着教学的进一步展开，不断升华情感，借助板书引导学生走进文本，走进那个时代，走进"毁灭"现场。

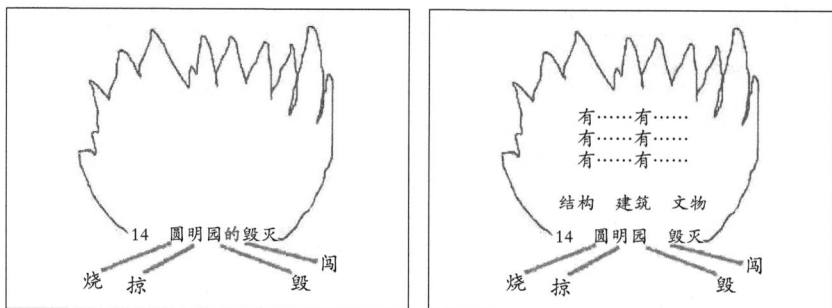

就这样随着教学过程的发展，教学内容、情感层层推进，板书随机生成，形象鲜活地将本节课的教学推向高潮，让每一个孩子的心灵得到震撼。

板书是一门艺术，是辅助教学的重要手段。要掌握这门艺术，教师平时就要加强书写、图画等基本功的训练，认真备课、明确目标、积极动脑、深入钻研、精心设计；要表现风格，体现特色；要随机而动，因学而导，精心备好、上好每一节课。相信熟能生巧，不断地努力一定会掌握这门艺术，为自己的语文教学推波助澜，锦上添花。

第四章　语文阅读教学如何有效地学

第一节　"三段一体"整合阅读教学的预读策略

《义务教育语文课程标准（2022年版）》中关于"课程标准"第四学段（7~9年级）的学段要求明确规定："能用普通话正确、流利、有感情地朗读。养成默读习惯，有一定的速度，阅读一般的现代文，每分钟不少于500字。能较熟练地运用略读和浏览的方法，扩大阅读范围。"

小学各个学段的阅读教学要重视有声阅读——朗读和无声阅读——默读两种形式。"读"是语文阅读教学的主要突破口，贯穿于整个阅读教学之中。它可以有效培养学生的语言感知能力，也可以丰富学生的认知情感。语文能力是"读"出来的，不是"教"出来的，所以教师要变知识学习为语言经验，引导学生进行充分的读书。

"三段一体"整合阅读教学就是把读作为经线，把课前、课上和课后三个阶段的学习作为纬线，以小学语文课本每个单元内容为依托，确定若干与人文主题、语文要素相关的中心目标，通过选择、取舍和重组，把课堂内外影响学生阅读的彼此相关但却独立存在的各种因素，整合成一个为学生阅读服务的系统，让阅读训练更充分更有层次，实现知一点懂一线会一面，学一篇读一群会一类，学练结合，从而达到全面培养学生语文素养的目的。

"三段一体"整合阅读教学中的第一阶段——预读，就是学生根据教师所安排的预习要求对预习内容进行独立自主的阅读探索活动。学生通过对将要学习的新内容、新知识进行提前阅读、思考、实践，将旧知识进行迁移，与新知识相联系，从而获得多方面的能力。那么教师应该如何从多方面引导学生进行有效地预读？首先要在思想上重视预读，树立学生的预读意识，激发学生的预读兴趣，其次教授预读方法，提高预读效率，最后还要重视督查激励，继而培养学生的预读习惯。

一、为什么要预读

语文阅读教学要提高课堂的教学效率，就要精讲精练，扩大阅读量，所以要重视语文教学任务前置，加强课前学习。正所谓"凡事预则立，不预则废。"课前预读可以通过反复有目的地阅读扫除阅读障碍，迁移旧知，巩固方法，探索新知，发现疑惑，激发学生阅读期待，发展思维，培养自学能力，所以教师要重视并要加强课前的预读教学。

二、怎样进行预读

（一）明确预读目标

目标是行动的指挥棒。要实现有效预读，必须要有明确的预读目标。根据语文教学的要求和学生的实际，可以将预读目标分为两级。

一级目标，即浅预读目标。第一，读准字音，运用工具书、网络等手段读准字音，对不认识的或读不准的音进行标注。第二，读通课文，能正确地读好问句、感叹句等不同句式，还要读好长句，会停顿。第三，读懂大意，能初步了解课文大体写了什么。

二级目标，即深预读目标。第一，懂意，通过读书运用学过的方法理解词语的意思，弄懂文章的意思，并能用自己的话概括文章大意。第二，品意，品味字、词、句、段、篇的含义，批注自己的理解和感受。第三，悟意，将课文和拓展的文章进行对比着读，从文意和表达方法等方面，感悟几篇文章的异同。

教学时，教师要根据学生的实际，循序渐进地落实以上预读目标。

（二）确定预读方法

方法是解决问题的门路和程序。语文是"读"出来的，不是"教"出来的，所以语文教学要"读"占鳌头。在预习时，教师要引导学生通过反复地、有目的地、有方法地读，来实现预读的目标，培养学生的自学能力。预读的内容主要分为三个阶段，第一阶段是整册书的预读，第二阶段是单元预读，第三阶段是课文预读。教师要根据三个阶段的预读内容，确定相应的预读方法。

1."整册书的预读"方法

开学时，学生每人一本新的语文课本，老师不要急于开讲，要带领学生进行预读（一般适合高学段学生）。这里，作者推荐整册书预读方法——"三读法"：一读"目录"，了解整本书共有几个单元；每个单元有几篇课文，其中哪几篇是精读课文，哪几篇是略读课文；有哪些策略单元和综合实践单元等，做到整体把握。二读"课文"，速读课文，了解每篇课文大体写的是什么内容，再读"目录"。学生读完课文，对课文内容有了初步的了解后，再回到目录，教师带领学生根据课文的内容为每个单元确定主题，主题不要求单一，只要恰当即可。做好这些准备后，教师可以带领学生做一个预读导读单，下面以统编版六年级上册为例。

统编版六年级上第五单元《夏天里的成长》

预读导读单

同学们，在我们生活的世界里，有一种事物，它没有脚却跑得飞快，你知道是什么吗？对，就是时间。一个小品中有一句经典的语言，"眼睛一睁一闭就是一天"，那么时间过得这么快，你感觉到了吗？接下来我们要学习的这篇文章会让我们充分感受到时间的脚步匆匆……

一、粗读课文

1.大声朗读课文，并看看课文有几个自然段？

2.小声读每个自然段，想想每个自然段都写了什么？（可以用铅笔把你概括的内容写在段末）

二、细读课文

1.联系文后第一题，找出课文的中心句并画出来。

2.默读课文，每个自然段都写了什么景物，请你在文中画出来。

3.继续默读课文，请你用批注法，标出第二自然段表示时间的词句，第三、四自然段中运用修辞的句子和引用的内容，反复读这些内容，把你的理解批注在文字旁边。

三、比较阅读

1.请你联系单元语文要素，思考本文是怎样围绕中心句写的？

2.阅读"习作例文"中的《小站》，思考："小站"的最大特点是_____。

3.在写法上，《夏天里的成长》和《小站》有相似的地方，你发现了吗？

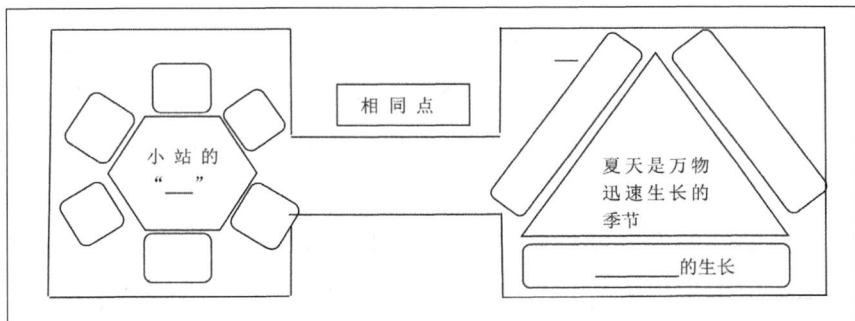

2. "单元预读"方法

现在的"大单元"语文教学，是根据一个单元的主题，将课内与课外的相关内容进行整合，构建新的教学系统。单元预读能够对整个单元的内容进行整体预知、整体把握、整体设计。

那么怎么带领学生进行"单元预读"呢？同样可采用"三读法"。

一读"单元导读"，明确是什么。读"单元导读"部分，明确本单元的人文主题和语文要素分别是什么。

二读"单元结构"，明确有什么。浏览本单元的内容，明确本单元精读课文、略读课文、习作分别是什么和学习园地要学什么，除此外本单元还有什么内容。

三读"单元内容"，明确学什么。浏览课文、习作要求和学习园地，边读边画边批注，初步概括课文大意，画出习作具体要求，试学学习园地中的每部分内容。根据本单元的要求，弄清楚还要学习什么。比如，统编版六年级上册第五单元是习作策略单元，本单元各部分内容需要学什么，除此外还要阅读什么，根据教师的推荐，学生自行阅读。

3. "课文预读"方法

"课文预读"是语文阅读教学活动的重要组成部分，也是三步预读中关键的一步。那么怎么引领学生进行"课文预读"呢？我们可以用粗读、细读、比较读三步阅读法来完成。

（1）粗读识字词。

粗读就是大略地读，不求甚解地读。粗读的具体要求有：

自读，大声朗读课文三遍，画出不认识的字和不理解的词语。查字典或查阅教辅资料，给不认识的字注音，并把口头记不住的词语的解释标注在词语的旁边。

展示读，把课文读给家长听，让家长简单评价；也可以发录音到小组，由组长点评，把优秀的或者进步大的发到班级群供大家欣赏。

（2）细读明大意。

逐句逐段地默读课文，从思想内容、写作意图、表达方法等角度在有感悟的地方批注理解、感受或者写下疑惑。（要求至少批注五处，多者不限）

读文后用自己的话说说课文主要写了什么，并把你的总结写在课文旁边。

（3）比较读异同。

将课文和引入的类文进行比较阅读，试分析二者在内容和语文要素方面的异同。（选做）

三、预读要注意什么

预读没有老师监督，是一种提前学习，不等同于课堂学习。所以，预读应该是轻松的，富有一定趣味的。这里的趣味不是像看电视、玩游戏那种愉悦，而是在自主学习中通过完成具有规律性或者挑战性的任务时获得成就的喜悦感和幸福感。那么如何保证预读的质量？我们该注意些什么呢？

（一）预读目标要明确

预读是让学生通过自主学习对新的教学内容进行提前阅读。如果预读的目标不明确或者不合理，就会眉毛胡子一把抓，学生便会在长久的繁杂无序、没有依托的学习中找不到方向，摸不着规律，逐渐失去阅读兴趣。当学生把预读看作一种负担的时候，何谈预读质量？所以，预读目标的设计要体现层次性，不同的年级、不同的学生、不同的阶段，阅读的目标要求应该是不同的，要循序渐进，由浅入深。

（二）预读任务要合理

预读的任务量要合理、丰富、灵活、具有挑战性。在遵循《义务教育语文课程标准（2022年版）》的要求下设计每节课前的预读任务时，教师要考虑到学生的年龄特点和知识储备情况。小学生活泼好动，注意力不稳定、不持久，自制力较弱，意志力也不强，但是很多行为都与兴趣相关。所以，在设计预读任务时，任务的量和难易度要适中，任务类型要丰富、灵活，既要有规律可循又要推陈出新，要适当设计具有挑战性和动手实践性的任务。

（三）尊重学生的个性

学生是学习的主体，这是不容置疑的。要保证预读的质量，就要尊重学生的个性，调动并发挥每个学生的学习主动性。在预读中，教师可制定可选预读任务，学生也可以自己设计预读任务，但要坚持两个原则，一个是保底原则，一个是发展性原则。保底原则就是要让每个孩子完成最基础的预读任务。例如：高年级的学生通过预读能将课文读正确，读流利；会读会写本课的生字；能理解本课的生词；能做课文的几处批注；能用自己的话简单说说课文的大意等。发展性原则就是要激励每个层次的学生在完成自己能力范围内的任务以后，能主动去挑战自我，完成高一层次的任务，让学生获得一定的发展和提升。

（四）努力实现家校共读

预读多是学生在家完成的，尽管有的学生有了一定的自主学习能力，但是终究是小学生，他们的知识储备、能力水平、学习方法、自学习惯还相对比较薄弱，况且学生各方面参差不齐。所以，要保证预读的质量，必须有家长的配合。根据不同的学习任务，家长可以通过签字、写评语、亲子共读等多种形式，帮助、引导、监督学生高质量地完成预读。

（五）评价定位预读效果

科学而又及时的评价直接决定着预读的效果。预读评价有两个重要的作用：一是激励作用，及时评价可以使学生看到自己学习的效果，获得成功体验，激发自信和学习的动力，促进全面发展。二是反馈作用，及时评价能够及时发现、弥补、矫正学生的知识缺陷和认识错误，教师可以依此调整教学内容，改进教学方法，提高教学质量。

（六）坚持培养预读习惯

习惯是一种稳定的自动化的行为方式。习惯的养成犹如纺纱，一开始只是一条细细的丝线，随着不断地重复相同的行为，就好像在原来那条丝线上不断缠上一条又一条丝线，最后它便成了一条粗粗的绳子。教师要通过长此以往的练习和引导，帮助学生养成预读习惯，这种习惯一旦养成，学生将会终身受益。

第二节　如何让小组合作更有效

小组是一个班级的组成部分，组荣班荣，反过来班荣"我"荣。那么如何让小组优秀起来，进而让班级荣耀，让每个同学优秀呢？

一、团队建设仪式满满

"小组"并不是把几个人组到一块就成了，小组的成立要有满满的仪式感。

（一）人员搭配

小组成员是由几个不同层次学生组成的，要保证小组之间的实力相当，以保障后面的评比公平、公正，让小组学习获得最大的效益。

首先，联合班级三大主科老师，针对学生的综合表现，将学生分为三个层次，按照每组四人或者六人（如果纵排是两排就四人一组，如果是三排就六人一组）组合成一组。一般是先确定出组长和副组长，其他组员合理搭配即可。

（二）标志设计

小组成立后，为了更好更快地培养团队意识。由组长带领大家确定组名、设计组徽和口号，并制定组规。

（三）组建结构

为了以后便评利赛，先根据综合成绩固定编号，不同的学科编号也可以不同。再根据每个人的特点进行小组内角色分工：正组长、副组长、纪律委员、生活委员等。

二、充分发挥小组功能

（一）预读——互相督促，全面感知

根据预读学案，小组将自学结果和自学遇到的问题发到小组群。小组成员针对问题积极思考，提出解决策略，如果有解决不了的问题则由预习记录员分类整理，在第二天的研读课上提出，寻求老师的帮助。

（二）研读——讨论探究，习文悟法

研读课上的小组合作环节，由组长协调小组成员有序且充分发表自己的看法，原则是每个人都要说，由记录员做好记录，完成探究任务。同时，组长每天准确如实记录好每个成员一天的加减分情况，要把每个成员的表现做简单的总结，并发到小组群里，供每个人反思。

（三）延读——合作共勉，迁移内化

延读的内容不固定，但延读方式以学生合作自学为主，所以延读课上组长要维持小组自学纪律、强调好本节课自学任务，在合作学习时做好第一环节的复习整理——对研读课上学到的阅读方法进行复习总结，针对掌握不好的组员进行有针对性的指导；第二环节时，与小组成员一起运用这些方法解决本节课的学习任务。

（四）复习——携手挑战，温故知新

教学新知识时，老师激情满满，学生兴趣盎然，二者相安无事，虽有些疲惫但乐在其中。期末复习，往往是老师最头疼的时候，学习中的各种问题、各种漏洞都会随着复习暴露无遗，每个知识点的掌握情况可能让老师开始怀疑人生，怀疑自己平时是否教过；学生感觉也很无辜，

明明学过可就是怎么也想不起来，就算想起来了也拿不准，每天就是背、考、讲、改、罚，再背、再考、再讲、再改、再罚，结果是老师容易焦灼，学生容易浮躁，家长也跟着痛苦不堪。为了调动学生复习的积极性，提高复习效率，增强复习趣味性，达到较好的复习效果，可以采用小组挑战的形式来复习。第一步，个人复习，明确复习的内容——浏览课文、读准二类字、识记生字词、概括课文主要内容、理清文章写作顺序、复习文后问题和文章中老师讲过的知识点。第二步，小组合作复习，针对以上复习内容，由正、副组长一对一指导复习，最后由小组长把关。第三步，小组一致争取汇报权，争到汇报权的小组自由挑战任意一组，老师根据答题情况为两个小组加减分值。

除了小组挑战复习以外，还可以设计必答环节和抢答环节。必答环节，选出每组相同号的同学，例如每组的3号或者6号等。抢答环节，就是在老师出问题前，选出第一个举手的人，答对加分，答错减分。

三、制定有效评价机制

（一）加分内容

作业加分：每周评出优秀作业，一次优秀作业加5分，进步作业加2分，每天优秀作业加1分。

合作加分：主要针对合作效果，考评团队合作的结果，根据合作完成任务的情况适时加分。

纪律、卫生加分：每天根据纪律和卫生委员的检查结果给成员和小组加分。

听写、背诵、考试加分：每个人根据自己的情况，确定自己的学习目标。例如：成绩好一些的同学确定每次听写错误不能超过2个，每次背诵提醒最多1次，每次考试努力90分以上；成绩稍微弱一点的同学每次听写错误不能超过5个，每次背诵提醒不能超过4次，每次考试努力在83分以上……对于学生确定的目标，老师要最后敲定，并做好记录，而且每个时间段要根据情况及时调整修改。

（二）奖励方式

奖励学生的方式可以不固定，第一由老师确定，第二要根据学生的需求，二者相结合才能进行合理化奖励。现在的奖励方式，一般有免作业、抽小奖品、和老师合影、发奖状、写祝贺信等。

每个人，无论是孩子还是成人都希望得到别人的认可，都希望得到表扬，获得奖励（奖励不在大小）。每个人也都希望自己所在的集体是优秀的，再加上合理的渴望的奖励，班级学生的积极性、主动性、合作意识和团队精神是很容易调动并形成的。

一个班级是由多个小组组成的，如果每个小组都优秀了，一个班级还怕不优秀吗？那么如何能让小组变得更优秀呢？管无定法，贵在得法，小组的管理要与时俱进，根据不同的班级、不同的学生、不同的内容随管随新，采取适合有效的方式方法，最大程度地发挥小组功能，挖掘每个学生的潜质，实现理想的教育。

第三节　整合教学下的预习和复习

单篇教学只是埋头赶进度，往往呈现出零碎无序和盲目随意的状态。在这种教学活动中，语文基础知识的学习往往遭到割裂，语文能力和思维的训练往往缺乏系统和效率，片面强调教学形式的花样翻新和教学内容的高度泛化，长此以往，教师会感到迷惘和痛苦。

而今的整合教学能提高学习效率，是打通子任务驱动融汇新旧知识和迁移学习能力的重要途径。整合既是教和学的方法，也是教和学的能力；既是一种良好的思维方式，也是优秀的学习品质。就学生学习而言，整合学习的能力说到底就是融会贯通、举一反三的能力，也是快速迁移的能力。一个子任务的学习需要整合，相关知识的学习需要整合，相关学科间的内容学习也需要整合。没有整合，知识就是孤立存在的，互不联系的；通过有效的整合可以大大提高学习效率，可以让旧的知识酿造出新的知识。

在教学活动中，教师必须努力、一丝不苟地钻研、探索，将一些教学目标、教学材料、教学方法、教学内容进行整合，形成语文知识容量更大、形式更为灵活丰富的教学过程，从而探求一种优化教学设计和教学过程的新路径。

在日常语文教学探索中，作者把一个单元的教学根据教学目标、教学主题、教学内容、教学方法加以整合，并且分为三步，也就是语文教学三部曲：预习曲，新授曲，复习曲。

人们往往把教学目光投向"新授曲"，不断挖掘、探索，且已有了初步的模式。而预习和复习往往被很多人忽视，且认为是无关紧要的两个环节。

一、预习

叶圣陶先生的预习观是：预习是训练阅读最重要的阶段。如果这一环节指导得法做到切实有效，阅读教学就成功了一大半。可见，预习最大的优点就是直接提高学习效率，得当的预习方法、良好的预习习惯是学生受益终身的法宝。

预习是师生共同学习之前个体与文本直接对话的过程。这个过程的有效实施，使得下一步的新授环节所需要的诸多内容得到"预热"，减缓了对大容量整合的内容的压力，保障了学习新知识的有效性。预习还可以增加学生在课堂上参与的底气、展示的欲望与表现的机会。

那么怎样让整合下的预习课大容量、高效率且使学生兴趣盎然呢？

（一）自定预习目标

1.基础目标

开学伊始，教师带领学生共同学习、领会《义务教育语文课程标准（2022年版）》的内容，了解本学年整体教学要求、达成目标。自学掌握生字、利用工具书等多种方法理解新词；能正确流利地朗读课文；能背诵指定的课文；能概括课文的中心思想……教师要把这些内容作为平日学习新课的基础目标，分步达成。

2.提升目标

每个单元都有自己的训练主题和内容特点，教师要引导学生抓住单元主题特色、训练重点，确定学习目标。

确定学习目标的具体流程是：学生先自读本单元课文，了解大体内容，由小组讨论制定要掌握的基础目标和提升目标。

（二）充分研读课文

带着以上制定的学习目标，引导学生充分地自学本单元课文。在这一环节，开始由教师给学生制定预习报告，渐渐地让学生自己制定预习报告，但无论怎样这一环节绝对不仅仅是学生的自学过程，必须有老师的引领。下面就以一份预习报告为例：

第一单元预习报告

老师赠语：孩子，切记熟读深读才能做文章的主人，读熟读深才能成为知识的主宰。

基础目标：

1.自学、掌握本单元的生字、新词，积累语言。

2.正确、流利、有感情地朗读课文，了解课文的主要内容。

3.抓住重点句段，体会作者表达的思想感情。

4.读熟课文，理清课文的表达顺序。

提升目标：

1.领悟文章蕴含的道理，感悟人生哲理。

2.透过文章的写作特点，感知作者表达情感的方式。

（三）展示预习成果

1.小组合作

当预习的比较充分后，引导学生在小组内交流合作预习的成果。

合作预习要求：一是把每个问题补充、修正使之准确、完善；二是对疑难问题进行讨论、解决，提炼出解决不了的问题。

2.全班交流

待学生充分预习、准备后，提起汇报各小组都跃跃欲试时，开始全班汇报交流。

汇报的形式多种多样，以激发学生的兴趣、积极性为主，可以用打擂、抽签、抢答、竞赛等形式。

（四）教师点评激励

教师从预习的态度和预习的效果两方面入手，进行点评，优奖劣批。同时，指出每次突出的优点和典型的不足，引导并激励学生下次做好。实践证明，这样的整合性、激励性的预习效果很好，对下一步的新授发挥了很大的作用。

二、复习

如果说"预习"是精彩节目的前奏，那么复习就是夯实地基的锤子，是无限好的夕阳。而以往的复习方式从点到点，就题说题，缺乏一条明晰的知识与技能训练的线索。复习课上盲目地给学生做大量试卷，没有达到强化重点、难点，巩固知识点的目的，所以不仅复习效果不佳而且枯燥乏味。

学生迫切需要一条大容量、高效率、有激情的复习之路，下文要谈谈整合教学下的复习课是如何做到高效、激情的。

（一）自定复习目标

紧紧把握本单元的预习目标，自己确定本单元的复习目标和复习要点。

（二）确定复习策略

1.明确汇报要求

表达口齿清楚，表意清晰明确；表述重点突出，内容详细具体。

2.明确评价方式

给出基础分5分，遗漏一处重点减1分，最后分高者为胜。

3.明确汇报方式（任选其一）

指定学号，指定内容；
指定学号，自选内容；
选出代表，指定内容；
选出代表，自选内容；

......

（三）充分自主复习

1. 自己复习（10分钟）

以每课为单位，抓住重点，系统复习。

2. 小组复习（10分钟）

根据本单元的复习目标，由小组长负责领导进行全面、细致的复习。

3. 打造汇报人（3分钟）

在前两项完成后，确定本节课的汇报方式，小组内其他成员全力打造。

（四）展示复习效果

展示汇报的方式往往是多样的，多变的，没有规律可循的，只有这样才能让压力变成动力，让无趣变成有趣，让学生始终兴致盎然，达到最佳的复习效果。

汇报方式有小组挑战、个人挑战、全班竞赛、全班挑战、小组提问等形式，教学时可根据汇报内容的多少、时间的松紧、学生的状态等，选择适当的方式方法。

（五）总结强化要点

师生一起归纳总结本次复习的要点，提炼、反思、发现、推广有效的复习方法，更重要的是针对学生暴露出来的薄弱环节、遗漏的要点，有的放矢地进行指导、强化训练，切实达到"做一题，得一法，会一类，通一片""一人说，全班记，说者有心，听者有意"省时高效的复习效果。而且，教师还要以情趣为基点，用鼓励作连线，鼓励学生树立信心积极参与，鼓励学生自主探究，复习巩固重点、难点，解决新生疑难，然后用方法引领学生会学、学会，不仅掌握知识，而且培养能力——分析比较，归纳总结，举一反三，自悟规律。

整合教学总会不同程度地增多头绪，加大容量，提高教学难度，这就需要教师根据教学内容、教学目标多动脑，多实践，多反思，从学生的实际出发，打通课内课外、课前课后的联系，全力以赴追求真实、扎实、有情趣的语文教学效果。

第五章　语文阅读教学实录

第一节　大单元下故事类课文课堂实录

故事类课文的特点是故事性强，人物个性鲜明。在教学时，要基于单元主题和语文要素，创设大情境，在核心任务的引领下，设计有关联的螺旋上升的任务群，围绕每个子任务设计有效的活动，引导学生走进故事，品味语言，领悟表达，感受人物品质。

（1）引导学生深度参与。与其他文章一样，首先要明确大单元的教学目标、主题和语文要素，理解该单元在整个课程中的地位和作用后，通过设计各种教学活动，如小组讨论、角色扮演、写作练习等，引导学生积极参与教学过程，做课堂的主人，实现深度参与。

（2）注重学生情感体验。故事类课文往往具有生动的情节和丰富的情感，因此应注重学生的情感体验。引导学生通过朗读、默读、多媒体等手段，深入理解故事情节和人物形象，从而获得个性化的阅读体验，升华情感。

（3）落实学生言语实践。故事类课文的语言表达别具特色，因此应强调学生的语言实践。引导学生通过模仿、补白、口语表达等方式，充分运用所学语言知识，提高语言表达能力。

总之，大单元背景下故事类课文的教学需要注重学生的实际体验和言语实践，通过创设大情境和多样化的教学活动和手段，提高学生的阅读理解能力、言语实践能力和思维能力，同时培养学生丰富的情感。

一、课堂实录

《狼牙山五壮士》

师：同学们，我们学校的"红色故事大讲堂"活动已经开启，昨天我们已经完成了第一个任务，是什么？

生：诵红色诗词。

师：今天我们继续完成第二个任务。（出示：讲红色故事）下面我们一起走进今天的红色故事。

生齐读课题，并快速通读一遍课文。

师：狼牙山是一座怎样的山？用一个字概括出来。

生1：高。

生2：险。

生3：陡。

师：谁能到黑板上画出来？

生到黑板上画狼牙山的轮廓。

师：在这里发生了什么故事？借助提示，给这三部分内容概括三个小标题。

生：引敌上山、引上绝路、顶峰杀敌。

师：谁能从全文顺序中提取关键信息，用一句话概括课文的主要内容？

生：五个战士接受任务，把敌人引上狼牙山，最后英勇跳崖的事。

师：故事哪里最令你感动？（出示"自读"提示）

带着自读任务，学生自学、批注，5分钟后小组讨论。

师：同学们批注得非常认真，下面交流一下哪里最令你感动呢？

生："斩钉截铁"这个词让我感受到马宝玉的坚定果断。

生："走！"也能感受到他的果断坚决。

师："走！"还有比这个句子更短的吗？

生：没有，这也能体会到当时形势的严峻，马宝玉的坚定果断。

师：你理解得非常深刻，请你坚定果断地读出这一句。

学生朗读。

师：他们要走向何方？

生：棋盘陀，也就是要走向死亡。

师：此时此刻你感受到了什么？

生：我感受到五位壮士的舍己为人、无所畏惧的精神。

师：哪位小讲师能把这个片段讲出来？老师帮帮你，为了讲好这个片段我们可以换角色试一试。

学生试读，指名讲一讲。

师：看来只有把细节体会具体还不够，还要换角色，用真情才能把故事讲生动啊。还有哪里令你感动？

生：痛击敌人的场面令我感动，每个人都对敌人充满了憎恨。

师：哪个人给你印象最深？请你选择一个人走进他的内心。

生写学习单，添枝加叶，让故事更精彩。

班长马宝玉沉着地指挥战斗，我不能有一点马虎，（　　　），于是让敌人走近了，才下命令狠狠地打。

副班长葛振林打一枪就大吼一声：（　　　　），好像细小的枪口喷不完他的满腔怒火。

战士宋学义扔手榴弹总要把胳膊抡一个圈，好使出浑身的力

气，他心里想：(　　　　　)。

　　胡德林和胡福才这两个小战士把脸绷得紧紧的，全神贯注地瞄准敌人射击，我们的子弹有限，(　　　　　)。敌人始终不能前进一步。

师：我们走进人物的内心可以更深刻地感受到人物对敌人的憎恨，对祖国和人民的热爱，看来品味细节还可以用"添枝加叶法"啊。(出示课件)

师：这部分除了细致描写了每个人物以外，还写了什么？

生：还描写了五个战士的共同行为。

师：这是什么描写方法呢？

生：这是点面结合的方法。

师：点面结合的好处是什么？

生：使文章内容更具体，更有层次感和画面感。

师：考验大家的时候到了，第四段是全文最精彩的一个场面，请同学们用上面学过的方法自主学习，具体感受细节，生动地讲出来。

生1：从一连串的动词，我感受到马宝玉的机智和勇敢。

生2：我给他补充，从此也能看出他动作敏捷。

生3：从"石头像雹子一样"，感受到"雹子"的多、快、猛。

师："石头像雹子一样"写出了五位壮士对敌人的什么态度？

生：仇恨。

师：五位战士为什么会如此仇恨敌人？(出示资料)

学生汇报课前搜集的日本人在中国犯下的滔天罪行的资料。

师：以小组为单位讲故事。

学生小组展示，评选三级红色讲师，颁发证书。

师：我们讲得再精彩也表达不了五位壮士的英勇无畏。（看跳崖视频）

师：一寸山河一寸血，先烈开道为后人，后人继业慰忠魂。像五位壮士一样为祖国、为人民英勇牺牲的革命先烈还有很多，（屏幕滚动先烈照片）重温革命岁月，铭记历史、缅怀先烈，宣讲红色经典，传承革命精神，奋发图强，振兴中华，从你我做起。

二、教后反思

《狼牙山五壮士》这篇课文记叙了抗日战争时期，八路军某部七连六班的五个战士，为掩护群众和主力部队转移，诱敌上山，英勇杀敌，最后把敌人引上狼牙山顶峰，英勇跳崖的故事，充分表现了五壮士热爱祖国、热爱人民、仇恨敌人、勇于牺牲的精神。

本文的学习重点是理解描写五壮士痛击敌人和英勇跳崖的动作、神态的语句，体会他们的思想感情和伟大精神；学习难点是体会五壮士的思想感情和伟大精神。

（一）成功之处

1.情境真实，目标明确

立足"大单元"核心任务——红色故事大讲堂，本课任务是"争做红色故事小讲师"。开课伊始，我们先明确了小讲师的标准——一星讲师"讲清楚"，二星讲师"讲具体"，三星讲师"讲生动"。这样的大情境教学充分调动了学生的学习积极性，同时明确了学习目标。

2.任务驱动，深度参与

本节课以活动为载体，做到了由扶到半扶半放再到放，给学生搭建了学习的支架。学生从不会讲，到讲清楚，再通过抓关键词品悟、反复朗读、文本补白、角色体验等手段到讲具体，最后通过小组合作到讲生动，体现了课堂的生成、学习的进阶，实现了深度学习。

3.言语实践，升华情感

学生在读故事、品故事、讲故事的过程中逐渐走进文本，走进人物情感世界，感受了人物的崇高品质和伟大的献身精神，同时激发了民族自豪感和爱国情怀。该教学突出了重点，突破了难点。

（二）不足之处

教师带领学生学习了第三自然段后，直接放手让学生自学第二自然段，在小组合作讨论的过程中，让学生抓住五位壮士的神态、动作、语言，品味人物的内心。学生理解揣摩得不到位，究其原因是平时在这方面的引导和训练不够，学生的阅读表达能力有待提高。

（三）改进措施

在教学故事类文本的时候，一定要有教学模式和明确的培养目标。教学中要有针对性地对学生进行抓细节品人物、入情境悟情感的强化训练，多放手，多引导，不断提高学生的语文自主学习能力。

第二节　大单元下写景类课文课堂实录

写景类文章是语文学习中一道独具韵味的风景线，它们或描摹山川名胜，或叙写地域风情，或游览参观，或寻踪探微……这类文章，有诗意般的语言特色，个性鲜明的景物特点，自然真挚的情感流露，吸引着学生。正是这样的课文开阔了学生的视野，提高了他们的赏析和表达能力。那么如何教学这类课文呢？

（1）创设情境，激兴趣。兴趣是最好的老师，课堂伊始，使用多媒体展示相关的风景图片、视频，或者讲述一些与课文内容相关的有趣故事，引起学生的兴趣，为整堂课奠定一个情感基调。

（2）统领全文，抓特点。写景类文章一般目标明确，景物特征鲜明，在赏析之前要通读全文，弄清文章描写了哪些画面和对象，并从整体把握它们的主要特点。

（3）反复赏读，品语言。写景类的文章主要用语言文字写景物，绘意境，抒情感，所以我们要反复赏读，品味语言，同时借助多媒体手段，让学生入情入境。

（4）体悟情感，明意图。"一切景语皆情语""情以物迁，辞以情发"，这些话的意思就是说作者因为有感于人事、景物或某种情境，于是通过叙事状物来表达心意、抒发情怀。所以，我们在学习课文后要多问几个"为什么"，例如"作者为什么写这处景物""为什么要这样写"，答疑解惑后便可感悟作者的写作目的，即明朗文章的表达情感。

（5）关注表达，悟写法。每一篇写景类文章都有自己独特的结构和写法。学习此类课文，可以通过续写、扩写和缩写等方式进行对比，让学生感悟课文的表达特点，领会写作方法，再选择自己熟悉的场景进行仿写或发挥想象力，创作自己的写景文章。

（6）类文阅读，丰积累。推荐一些与课文主题相关的写景类文章或书籍，让学生在课后进行拓展阅读，丰富视野，积累语言。

一、课堂实录

《鸟的天堂》

师：同学们，我们青岛山美水更美，你们看（出示图片）。看到这广阔的大海，你想到了哪句诗？

生：天连水尾水连天。

师：平静的大海景色宜人，海浪翻滚的大海也别有一番滋味（出示图片），你想到了哪句诗？

生：惊涛拍岸，卷起千堆雪。

师：同学们善积累，会表达，老师为你们点赞！大自然多神奇啊，风光无限，感谢教材第七单元的作家们带着我们走进大自然，欣赏自然风光。我们领略了"诗之秋韵"，欣赏了《四季之美》，这节课我们将走进《鸟的天堂》。"天堂"是什么样的地方？鸟的天堂一定有什么？（有树和鸟）作者两次去鸟的天堂，在不同的时间看到不同的画面，如果你给两幅画起个名字可以是什么？

生：傍晚枝繁叶茂榕树图和清早众鸟纷飞觅食图。

师：现在我们一起走进第一幅画面，去感受榕树的枝繁叶茂。

任务一：品枝叶之特点，感受榕树之大和茂盛

自读课文第三至第八自然段，用不同的符号标画叶子和枝干的特点。

　　预设1：那么多的绿叶，一簇堆在另一簇的上面，不留一点儿缝隙。

师：从这句话你能感受到叶子的什么特点？你觉得哪个字用得好？

生：这里"堆"字用得好，它写出了绿叶的多。

师：你能换个字吗？

生：可以换成"压"。

生：还可以换成"叠"。

师：那我们对比一下，"堆""压、叠"哪个字更好？说说你的感受。

生：我觉得"堆"用得好，它写出了树叶非常多，而且有厚重的感觉。

生："叠"好像是人工形成的，"压"又缺少美，死气沉沉，所以我也觉得"堆"字好。

师：是啊，这样一对比，树叶多得自然，多得轻盈，多得密密麻麻的特点表现得淋漓尽致，用词巧妙。请你读出这种感受。。

学生齐读。

师：请大家看图片，你看到了什么，感受到了什么？

生：从图片中可以看出，树叶是真得多，真得厚啊！

生：这树长得太茂盛了，叶子可真多啊。

师：哪位同学能读出叶子的多而厚密。

学生齐读。

预设2：那翠绿的颜色，明亮地照耀着我们的眼睛，似乎每一片绿叶上都有一个新的生命在颤动。

师：这一句写出了叶子的什么特点？从哪里感受到的？

生：写出了叶子"绿"的特点。

师：形容绿的词语还有"翠色欲流、苍翠欲滴"，如果把这个句子换成词语是不是会更好？原句有什么特点？

生：原句运用了比喻的手法，写出了树叶绿的程度。

师：是啊，作者想象丰富，语言巧妙，没有直接写绿的程度深、浓，而是说有生命颤动，不仅写出了树叶的绿，还写出了树叶的亮和生命力。请同学们读出这又绿又亮又生命旺盛的树叶。

学生读句子。

师：两个句子的前半句直接写出了叶子的特点是——多和绿，这是怎么写？

生：概括写。

生：也可以说整体写。

师：后半部分写了什么？是怎么写？

生：后半部分是分着写。

师：像这样写的文章还有很多。如：

桂林的山真奇啊，一座座拔地而起，各不相连，像老人，像巨象，像骆驼，奇峰罗列，形态万千；桂林的山真秀啊，像翠绿的屏障，像新生的竹笋，色彩明丽，倒映水中。

师：大显身手，"我"来写一写。

那广阔的大海，＿＿＿＿＿＿＿＿＿＿＿。
那咆哮的海浪，＿＿＿＿＿＿＿＿＿＿＿。

任务二：品枝干之特点，感受榕树之大和茂盛

枝干的数目不可计数。枝上又生根，有许多根直垂到地上，伸进泥土里。一部分树枝垂到水面，从远处看，就像一株大树卧在水面上。

师：读上面句子，说一说榕树枝干的特点，随着学生的汇报板书"多"，同时板画"枝上生根"。正是这样枝上生根，根又生根，根又生枝，生生不息，才使这棵树不是立在那里而是"卧"在那里。

师完成黑板上的大树，生读出"卧"着的大树。

任务三：感受鸟的特点

师：这里既然是鸟的天堂，那到底有没有鸟？自读课文说一说鸟的特点？

生：我从这里读出鸟非常地多，文中连着用了两个"到处"。

生：从"大的，小的，黑的……"也能看出鸟非常多。

师：还有补充吗？

生：我有补充，这里还写了非常热闹，文中有这样的词眼。

师：在黑板上画了几只鸟，够多了吗？

生：不够！

师：用文中的句子说明理由。

生：到处都是鸟声，到处都是鸟影。

师：请同学们到黑板上画出来。

学生去黑板画。

师：请你联系课文，借助板书总结出鸟的什么特点？

生1：鸟的种类多、数量多、形状多。

生2：鸟的颜色多。

师：还有鸟的——姿态多，多到什么程度？用一个词回答。

生：应接不暇。

师：理解"暇"，再理解词语的意思。

生："暇"是看不过来。

生：不对，看不过来是这个词语的意思，"暇"字应该是眼睛闲不下来。

师：非常好，"暇"就是空闲的意思，这个词就是说眼睛没有空闲的时候。请大家标注在书上。

师：俗话说"书中自有黄金屋"，其实，往往文中就有答案。

师指导学生分层读文，理解感受词语的意思。

> 我注意地看着，眼睛应接不暇，
>
> 看清楚了这只，
>
> 又错过了那只，
>
> 看见了那只，
>
> 另一只又飞起来了。

师：现在再来试试理解"应接不暇"的意思。

生：就是鸟太多，看不过来了。

生：这个词的意思就是眼睛没有空闲，也写出了眼前的事物非常多。

师：仔细看图，想象自己来到鸟的天堂，感受满树的鸟、满天的鸟、到处飞舞的鸟。（播放画眉鸟的叫声）仔细听，你认为它的歌词会是什么？

生：我好幸福啊，在这里生活，自由自在的。

生：鸟的天堂就是美，树大，鸟又多，快来这里吧！

师：唱得好，就是这样奇美的鸟的天堂让巴金爷爷发出由衷的感叹——"这'鸟的天堂'的确是鸟的天堂啊！"

生：为什么第一个"鸟的天堂"加了双引号？

师：这也是我想知道的，谁能把你的理解说一下。

生：第一个"鸟的天堂"就是鸟生活的地方。

师：不明确，那是哪里？

生：我觉得应该是大榕树吧。

师：是的，就是那棵大榕树啊。那后面的"鸟的天堂"又指什么呢？

生：这个天堂是鸟喜欢的地方。

生：是真正能幸福生活的地方。

师：第一个"天堂"——大榕树的描写是什么描写？后面的"天堂"又是什么描写？

生1：写榕树是静态描写。

生2：写鸟快乐生活是动态描写，这种写法叫静动结合。

任务四：迁移拓展，领悟表达

师：静态和动态的描写让鸟的天堂充满神奇色彩，令人神往，使文章形神兼备。《第一场雪》的作者也运用了这样的描写，看看他写出了什么。

生：下雪前是静态描写，雪中和雪后是动态描写。

师：能说说这样写的好处吗？

生1：静态描写写出了下雪前天气变化快。

生2：静态描写和我们这里要下雪的时候一样。

生3：动态描写写出了雪给人们带来的快乐。

师：你们分析得很好，说得很正确，看来大家都有这样的生活体验。静态、动态描写不仅可以写景物，还可以写动物呢。读《搭船的鸟》，思考静态和动态的描写分别写出了翠鸟的什么？

生1：我对静态描写印象最深，因为这里写出了翠鸟的好看。

生2：我也喜欢这里，作者从颜色的角度写出翠鸟的外形样子讨人喜欢。

生3：我觉得动态描写充分写出了翠鸟动作敏捷。

生4：这样的描写让我们似乎看到了翠鸟。

师：是的，从外貌到行为，从不同的角度观察翠鸟，这就是动静结合描写的好处。

任务五：方法总结，学习表达

师：这节课我们跟随巴金爷爷游览了鸟的天堂，感受了静态下的榕树和动态中的群鸟纷飞，还学习了一种写作方法——先概括，后具体。为了更好地掌握这节课的知识，老师给你们写了一段话：

写景物，有妙招，景物特点想周到；

先概括，后具体，静态动态结合好；

多读写，多观察，能写会描笔生花！

师：鸟有自己的"天堂"，同学们也有自己的"天堂"吧，你看这里有美丽的校园，还有活泼可爱的你们，你能写写"我们的天堂"吗？

生写片段，预留10分钟。

师：谁想跟大家分享一下？

生1：这是一个美丽的，充满幸福的地方。上课了，同学们在知识的海洋里自由翱翔，老师声情并茂地讲着故事，我们听得入了迷。下课了，我们像小鸟一样冲到操场上，疯狂地玩了起来，踢毽子、跳大绳、打篮球……同学们玩得真开心。这里就是我们的校园，也是我们的"天堂"。

师：这个同学写出了校园里上课、下课同学们的快乐和自由自在，真的是你们的"天堂"。

生2：校园就是我们的"天堂"，绿草如茵、白墙红瓦、树木繁茂，景色优美。我们在这里学知识，做游戏，交朋友，快乐无比。

师：你的语言优美，且读起来朗朗上口，思路非常清晰，从两个方面写出校园的特点和你们的幸福，非常棒！你们的"天堂"还有哪里？

生3：校园给予我们知识，家给予我们关怀，但我的"天堂"是我的小书房。这是一间不大的小屋子，到处摆满了书籍：儿童文学、世界名著、中国古典名著应有尽有。《混血豺王》让我为白眉儿的有情有义而感动，《假如给我三天光明》让我无限珍爱生命，《鲁滨孙漂流记》让我学会了坚强和乐观地面对一切困难……这里给了我无限的快乐、知识，是我成长的"天堂"。

生4：他选材与众不同，写的是小书房。他写出了书房给他的快乐、知识和成长，小书房真可称得上是"天堂"。

师：是啊，这位同学构思巧妙，选材与众不同，并且能通过写不同的书籍给自己不同的收获，表现出这个书房的确是"天堂"，老师给你点赞！下课后，同学们可以互相欣赏习作"天堂"。这节课我们就上到这里，下课！

二、教后反思

《鸟的天堂》一课，脉络清晰，记叙了作者两次去"鸟的天堂"看到的不同景象——傍晚静态的大榕树和第二天早晨群鸟活动的情景。这篇文章文质兼美，描写动静结合，遣词造句精妙，表达感情细腻，抒发了作者对大自然中生命现象的热爱与赞美。如此美好的文章，如何发挥它的最大效能，本课教学做到了以下几点：

（一）课前导学，理清脉络

课前借助预读导学单，引导学生梳理文章的脉络，把握文章的主要内容，解决生字新词，扫除学习的障碍；鼓励学生画出自己认为写得好的语句，反复朗读，批注感受或者疑惑，能初步概括榕树和鸟的特点。

（二）围绕目标，充分学习

本节课紧紧围绕学习目标，做到了四个充分：

1.充分品析语言

抓住描写榕树叶子和树干的语句，通过删减对比、图片观察、视频展示等方式充分感受叶子的绿、多、密，树干的粗、壮、奇；抓住"到处都是、应接不暇"等语句，通过板书画鸟、视频展示、听鸟鸣辨鸟名等方式充分感受鸟的种类多、数量多、形状多等特点。

2.充分朗读感受

语文学习中，读是走进文本、走进画面的重要也是主要途径。本节课在程度上进行了初读、品读、赏读、诵读，在形式上有个人读、分组读、全班读、师生合作读，学生在反复读中，读出了情，读出了味，读出了神。

3.充分领会表达

在学习榕树叶子处，通过品析"那翠绿的颜色，……新的生命在颤动"学习先概括后具体的描写方法，随机拓展《桂林山水》中一处类似的描写，在对比中深化理解。紧接着"大显身手"进行仿写训练——那广阔的大海……和那咆哮的海浪……。结尾通过对比文章《第一场雪》的写法，感悟动态描写和静态描写紧扣单元语文要素，最后教师用精练的语言总结提炼写景物类文章的方法，还让学生迁移运用创作生活中的"天堂"，从知到会再到用，一气呵成，水到渠成，让语文学习目标真正落地。

4.充分感悟情感

抓住结尾的一个"骗"和两个"鸟的天堂"以及作者由衷的感叹，在辨析、悟读中体会作者对大自然这种生命现象的热爱与赞美。

三、入情入境，身临其境

兴趣是最好的老师，本节课围绕"天堂"，通过品词语、看画面、听音乐、想意境、猜鸟语，从听觉、视觉多个角度引导学生走进"鸟的天堂"，感受树奇、鸟多、景美，学生渐入佳境、徜徉其中、兴致盎然。

一节课有成功的一面必然有不足的一面。本节课存在很多遗憾，例如：课堂容量过大，使一小部分同学学得不够深入；前面学习了先概括后具体的描写方法，但是在学习鸟多处没有处理并列关系语句中标点的使用等。

知不足而后改，这些问题也是下一步努力的方向，以后要多听课、多学习，取长补短，争取更大的提升。

第三节　大单元下习作课例课堂实录

习作教学是语文教学的重点也是难点。提起习作，许多学生是"谈文色变""望而却步"，缺乏自信，更谈不上兴趣。有的学生迫于老师的压力，勉强应付，写人写事平平淡淡；有的学生觉得无内容可写，因此，搜肠刮肚，像挤牙膏一样，最终也只能草草了事；即使有些学生有内容可写，但也不知如何下手，从何写起。要解决这些问题，在平时教学中，教师就要有目的地依托教材，发挥每一节习作课的功能，激发学生习作的兴趣，唤醒思维，感悟写法，学以致用，反复实践，从而把学生引上习作的大道。

（1）激活前知。在明确了教学目标后，确定学生本节课需要掌握的写作技能和学习重难点，通过讨论、提问等方式，激活学生已有的知识和经验，帮助他们更好地理解和应对写作任务，提供写作指导，在写作过程中，教师应提供具体的写作指导，包括文章结构、语言表达、段落过渡等方面的指导。

（2）范文引路。通过解析相同、相近或者相似文本的写作方法、写作特点，学习本次习作的写作技巧和表达方法。

（3）情境唤醒。创设情境，借助图片、音乐、角色体验、想象与联想等手段唤醒学生的写作欲望，打开思路。

（4）评价进阶。注重讲评艺术，以此来激发习作兴趣。在写之前要引导学生明确主题，让他们大胆地想，充分地说，再进行点评；在写作完成后，可以让学生互相交流作品，学习别人的作品，反思自己的不足，再互相评价、教师评价，最后修改完善自己的习作。

一、课堂实录

走进童话，我心飞扬——口语交际与习作

（一）感受神奇

导语：同学们，你们看我有什么特点？（生：个子高、戴眼镜……）我还有一个大家看不出来的特点，就是爱讲故事，尤其爱讲童话故事。

大家爱听童话故事吗？

生：爱听。

师：那你们说童话世界是一个什么样的世界？

生：梦幻般的、神奇的……

师：（看图片）在这样一个神奇的世界里，发生着许许多多奇妙的事：一个母亲想得到一个拇指一样大的姑娘。

生：拇指姑娘。

师：（看视频1）一个用木头刻成的木偶经魔法师一点，竟然活了。

（看视频2）被老巫婆用毒苹果害死的白雪公主经王子轻轻一吻，也又活了过来。

师：同学们，你们还知道童话世界里有哪些奇妙的事？

生：睡美人睡了好长时间，经王子一吻醒过来了。

生：丑小鸭变成了白天鹅。

……

师：真是太神奇，太美妙了。同学们，这就是童话，它是一个充满幻想的神奇的世界。

（二）领会神奇

师：前面的学习任务让我们在神奇的世界里漫游了一番，你们还记得那座童话小屋吗？在这座小屋里，每个童话故事都有它发生的——

生：时间、地点、主角、主要问题、主要的事，还有结局。

师：主要问题和主要的事合起来就是一个故事。在童话世界里，时间有什么特点？

生：不确定，一般都用"从前"。

师：地点在哪儿？

生：地点大多在森林里。

师：主角有什么特点？

生：幻想出来的。

师：看来有生命的、没有生命的，都可以做童话中的主角。

师：同学们都是有心的孩子，老师要奖励你们，让我们一起走进这个美妙神奇的世界好不好？出发前我们先来做个小游戏，做好出发前的准备活动。分三组，第一小组，（出示问题）走进美妙的大自然，你最想去什么地方？第二小组，在这个大千世界里，你最喜欢什么事物？第三小组，走进童话世界，你最希望发生什么奇妙的事？

生分组活动，然后交流。

师：你最想去什么地方？

生：珠穆朗玛峰。

师：你最喜欢什么事物？

生：小鸟。

师：你希望发生什么事？

生：石头变成王子。

师：（师用箭头把对应的内容连起来）从前啊，山峰上有一只小鸟，她让石头变成了王子……

生（笑）

师：你最想去什么地方？

生：我最想去海底。

师：你最喜欢什么事物？

生：小鱼。

师：你最想做的事？

生：发现公主。

师：这是你的梦想吗？

师：（继续连接）几百年前，在海底，有一条小鱼发现了一位公主……

该生很激动，众生笑。

师：继续想象。

生：我想去水立方里。

生：我想有一条会飞的鱼。

生：上天堂。

师：几百年前，在水立方有一条会飞的鱼飞上了天堂……

生：（很踊跃，争先恐后）我想去宇宙。

生：我希望有一个魔法棒。

生：我要征服数码宝贝。

师：有一天，在宇宙里，你用一根魔法棒征服了所有的数码宝贝。

众生大笑。

师：你瞧，把每组内容这样顺次连接起来，就是一篇动人的故事。如果再加上你的奇思妙想，那就是一篇神奇、精彩的童话故事了。

师：其他同学呢？想出故事来了吗？不要着急，我再给你们提供几个故事的图片。

师播放图片，相机引导。

师：老师看出来了，同学们心里的小故事都快蹦出来了。那我们就一起，脑筋转转转，智慧放出来。

生很投入地写故事。

（三）评价神奇

师出示自评、他评的方法指导。

师：（待大部分同学写完以后）我们来一个比赛怎么样？奇妙之星擂台赛，口号是"没有最奇妙，只有更奇妙"，其余同学做啦啦队员，同时也是小评委哟。

生：从前，有一只小猪，他患上了恐火症……

师：你的想象可真丰富，还很完整呢！这个结局也很完美呀。真不错。你读一下自己的作品。

生：有一条鱼，有宝石一样的眼睛……

师：你这时空机穿越得可真快，小评委来评议一下，注意每个小评委一定要公正、公平，可不能有私心啊。

生：她的故事很精彩，让我想到了很多……

师：这颗奇妙之星要发给谁？三班还是二班？同学们写得都很精彩、很神奇。

生：发给二班……

生：发给三班……

师：同学们都有自己心中的奇妙之星，既然都很精彩那就——两个班打平，都是奇妙之星！

（四）神奇的祝福

师：在我们一节课的合作中，老师很愉快，感觉越来越喜欢你们了。在很久很久以前，一个白胡子老人在梦里送给我一个神奇的链子，里面装满了他用捕捉蝴蝶的方法收集来的亿万个轻雾般的、漂浮于空中的、美好的、金色的梦，他让我送给我最喜爱的人。同学们，你们今晚早点入睡，每个人都会收到一个幸福、美好的梦，愿你们好梦成真……

二、教后反思

有人说习作课是最好上的，无非就是三个步骤：第一步，复习回顾课文中学到的表达方法；第二步，明确本次作文的主题和要求，构思自己的作文；第三步，范文引路，以一两篇文章为例，品评其写法，进而能学以致用。但是一路走来，习作成了学生的"老大难"。如果说习作课是最难上的，那为什么有的学生在和老师的说说笑笑、玩玩闹闹中，就掌握了写作方法，而且文章越写越好。看来习作教学是有方法的，为了不复蹈前辙，我要努力寻找更优的教学方法。

（一）成功之处

这节课的教学，做到了以下几点：

1. 激活前知

本节课学习目标明确，从学生熟悉的童话故事的精彩片段入手，引出"神奇"。通过谈看法、说内容，激活学生写作兴趣前，先给出讲故事、评故事的方法。

2. 情境唤醒

本节课创设了一个情境——神奇的世界，通过游戏说故事、图片猜故事等形式，让学生在轻松愉悦的氛围中感受"神奇"，唤醒学生的写作欲望，提供写作素材，打开写作思路。

3. 评价进阶

在玩游戏说故事、看图片猜故事的过程中，进行表达指导和随机评价，引导学生充分表达。在学生形成初稿后，让学生互相交流作品，学习别人的作品，反思自己的不足，再互相评价、教师评价，最后再次修改完善自己的习作。

（二）不足之处

玩的时候热热闹闹，写的时候难于下笔。有一些学生想象能力比较弱，故事情节单一，缺乏趣味性；有些学生语言贫乏，有内容但不会表达；还有个别学生思路不清，表达不明。

（三）改正措施

真正落实体验式作文——体验生活、体验活动、体验学习，让每一节作文课都能有主题、有情境、有参与、尊重学生个性体验，引导学生大量阅读，加强评价功能，以此来逐渐让学生爱上作文，进而会写作文，最后写好作文。

后 记

语文，我的挚爱

爱 的 缘 起

1997年春，我们一行六人分到海林市石河乡大岭村小学实习。这是个典型的偏远的农村小学，只有六个教学班，十几个老师。我被安排在三年级。

一天吃过午饭，我正带着几个孩子打篮球。突然，教导主任叫住我说，下午两点石河乡教育局领导要听我们实习生的课。我一看表正好12点，下午两点听课，两个小时的时间怎么能备出一节好课呢？但是没有商量的余地，那里太偏僻，领导来一次也不容易，也许正是想看看我们的真实水平。那时我教数学和语文，下午第一节是语文课，自然而然我准备了正要学的古诗《小儿垂钓》。我安排一个学生画插图，我的指导老师带着在校的学生预习课文，我就专心地备课。两点，一转眼就到了。学校的校长、主任陪同着几位领导走进我们班级。焦灼的心顿时紧张起来，凭借我的三寸不烂之舌和几日来与学生的默契配合，一节课上得还算顺畅。在送别领导时，一位领导向我走过来，拍拍我的肩膀问："丫头，毕业你能分配到海林市吗？"

"不一定。"我莫名其妙地回答。

"哦，如果你不能留在市里，就来我们石河乡吧，我给你留到乡中心小学。"他笑呵呵地看着我。

一时不知所措的我支吾着："好的，好的。"

老半天才反应过来，想必是那节课上得比较成功，那也是我上的第一节公开课。很多年后想明白了，那天我运用了图文结合的方法深入浅出、循序渐进地讲解了那首诗，学生学得轻松高效，这对一个毫无实践经验的实习生来说很是难能可贵了。

毕业后，我被分到牡丹江市北方小学教语文和数学。一上班，校长就要听我的课。上《惊弓之鸟》时，我运用一组连环画——"兔子怎么了"做引导，一开课就激起学生的学习兴趣和求知欲，学生在猜测、推理、解说的过程中理清故事的情节，探索出兔子受伤的原因。后面学习《惊弓之鸟》时，我没有更多地讲解，在初步了解故事后，放手让小组自学，梳理情节，说明鸟不用箭就落下的原因并写出自己的感受。整节课我没有过多的讲解，学生学习兴趣浓厚，自学能力、思维品质得到了发展，自然得到领导高度认可。

一切美好都由爱而生。两次下来，我对语文教学似乎找到了感觉。于是，平时特别用心地准备、投入地上每一节语文课。课前导入，我换着花样准备：学习《雷雨》，我唱"哗啦啦下雨了，路上的行人都在跑……"；学习《月光曲》，我先让学生听一段《命运交响乐》，感受贝多芬的心曲；学习《小守门员》，我带着学生来一场足球赛……学生们也爱上了语文，每次语文课都兴奋不已。

一次校级公开课上我讲《再见了亲人》中志愿军离别时，为了渲染难舍难分的气氛，在表演、朗读、谈体会的基础上，我播放了火车的汽笛声催发离别之情，孩子们的心紧张起来，语气中带着万分不舍。这还不够，那时教学条件有限，找不到背景音乐，我突发奇想，请学校的两位音乐老师一个吹笛子、一个弹钢琴，录制了一段《送别》主题曲："相见时难别亦难，东风无力百花残……"在火车开动时，悲切凄婉的音乐响起，全场人都静默了，眼里噙满泪水，所有的不舍、所有的亲情、所有的爱化作一声声呼喊"再见了，亲人！再见了，亲爱的土地！"在呼喊声中，我轻轻地说道"下课！"一位听课的老师猛然和学生一起站了起来，吓了我一跳。他旁边的一位老师赶紧扯了一下他的衣服，示意他坐下，这是在听课。

上班不到一年，我就代表学校参加牡丹江市企办学校的语文优质课比赛，我准备讲《狼牙山五壮士》一课。第一次参加这样的比赛很紧张，不过一开课的《义勇军进行曲》瞬间把我和学生带入情境，课上我带领学生画简笔画梳理情节，抓关键词说心里话，想象画面怒斥敌人，层层推进，一步步把孩子们的心带到了狼牙山上，亲身感受五位壮士英勇豪迈、视死如归的气概，孩子们义愤填膺在五壮士的墓碑前写下"报效祖国"的誓词。虽没有冲出企办学校冲进参加市优质课评选，但在众多经验丰富的参赛老师里我得了第二名，这已经让我的老校长开心不已了。那天她给予我无限厚望，对我说了很多，看着她开心得像个孩子，我的失落也荡然无存，不知不觉爱上了语文。

爱的炙热

跃华是一所私立学校，有着"适者生存，不适者淘汰"的体制，招揽了四面八方的有志之士。机缘巧合，25岁的我通过层层选拔进入跃华学校小学部，我的教学之路从此发生了巨大的改变。

入校后，我毅然放弃数学选择教语文。一段时间我发现，语文教学仅有热爱还不够，还要讲方式方法，之前的那些只是一时兴起，根本不知道是什么教育方法，什么教育方式。

在这里，第一次讲公开课是总校首席校长来听课，我刚好讲《落花生》一课。为了激发学生的学习兴趣，一开课我拿出一个红彤彤的苹果，一个黄里透红的石榴，还有一把花生，问同学们比较一下你更喜欢什么？学生们纷纷选择苹果、石榴，只有几个学生选择花生。接下来，我让学生说说自己喜欢的理由，学生们一下子打开了话匣子，积极表达自己的感受。这样的导入激发了学生的兴趣，很有代入感。整节课学生学得轻松、愉悦，课堂气氛和谐、融洽，听课的老师也听得很兴奋。课后，听着老师们的夸赞，看着学生们涨红的小脸，我真真地享受到语文课带给我的快乐。

从那时起，我便开启了公开课之旅。八年里，无论是总校长来视察、外校教师来学习，还是学校组织的各种展示活动，展示舞台上都有我的身影。八年时间里，我跟随校长的脚步，初步提炼出"单元整体教学"理念，并进行了轰轰烈烈的教学改革。我先后讲了习作课"作家笔下的人""童话小屋""动物小说入门""印象最深的人"，阅读课《凡卡》《落花生》《捞铁牛》《桂林山水》等。每一节课都得到听课老师的一致好评，我的学生也从中受益匪浅，八年我教了六个毕业班，大小考试语文成绩始终位居学校第一名。

爱 的 深 沉

2010年4月，公办学校招聘考试，我从一千多人中脱颖而出，以总成绩第一名考入公立学校。十几年的语文教学让我有了些许的沉淀，也开始兼做学校管理工作。公立学校学生在校时间有限，必须要在有限的时间里高效地完成教学任务。这就要求我们对症下药，迫切需要进行课堂教学改革。

2012年冬，应区教研员要求，我为全区老师上了一节整合课，因为只是一节课不能运用"单元整体教学"模式，于是我从单元主题入手，从单元总目标中确定一个核心目标，将课文《金色的脚印》和课外文章《森林老人与红狐的故事》两篇文章整合教学，课堂容量之大，教学方法之巧妙赢得所有听课老师们的赞叹，大家纷纷议论原来语文也可以这样教。虽然这节课还有很多不足，但是我超越了"单元整体教学"，立足单元总目标，对一篇文章进行整合，迈出了第一步。

这次的教学实践引发了我更深一步的思考：单元整体教学的目标可

不可以分解成多个核心目标？围绕核心目标可以整合哪些内容？怎么整合更合理？整合后如何做才能在保证教学质量的同时不增加学生的课业负担？整合后着重培养学生的什么能力和品质？

随着思考的深入，我开始寻找理论支撑并大胆尝试多种教学模式。我阅读大量的理论书籍，先后尝试了"1+X""海量阅读""主题语文"等多种教学模式，实践的过程中反复琢磨、总结、对比、反思。因为我一直接手六年级的问题班级，没有更多时间让我停留思考，必须用最短的时间提高课堂效率和教学质量，提升学生语文能力。我到公立学校带的第一届学生是五年级，当时班级平均分比平行班低11分，一年后以超过平行班3分、全区第一的成绩毕业。11年，我所教毕业班成绩一直在全区名列前茅，多次获得德州市教学成果一等奖、二等奖。

2017年5月，我带领的研究小组所研究的省级课题《小学语文"主题·整体"教学模式研究》顺利结题。我们继续研究、思考，在反复的实践中，不断完善自己的理解，厘清思路。

2019年10月，我被评为齐鲁名师，12月成立了德州市名师工作室。我带领工作室成员再度启程，基于统编教材双线组元、语文要素螺旋上升的布列特点，在原来研究的基础上，首先明确单元主题和语文要素在每一课的体现，统整单元内容，确定子任务（即整合点），围绕这一子任务将课内外资源按照三个阶段——课前、课上、课后进行一体化的设计。

参与实验的老师越来越多，学生的成绩和语文能力开始不断提高，老师们的专业水平也不断提升，证实了"三段一体"教学探索存在的意义和价值。《"三段一体"整合阅读中预读策略研究》《基于单元要素的语文主题学习探究》《小学语文主题式单元整体教学的实施策略》《小学语文课外延伸阅读的指导方法探讨》等研究文章发表在了《语文教学通讯》（小学刊）、《课外语文》、《当代教育实践与教学研究》等刊物上。市级课题《小学语文课外延读有效策略研究》在2022年12月顺利结题。以上这些成果无疑给一个普通一线的老师莫大的鼓舞。很多一线教师可能如我一样，在默默耕耘的同时对新教材的实施、课内外阅读整合有着诸多困惑，因此我觉得有必要把自己的经历、思考、实践写出来跟大家分享。由于本人能力和视野有限，书中一定存在诸多不足。不过，依然期待我的经验能给读者些许启示，或者能引发读者更多的思考，如此我便非常知足欣慰了。

没有最好，只有更好，语文教学让我感受到了无限美好，在语文教学的路上我会继续心怀敬畏，谨慎而行。感恩所有遇见，珍惜与你同行，共筑语文教学之梦。